Trans+

Trans+

Trans+

Trans+

不在

不同的存在

小異　小小的奇異

不在系列0

靈異說書人

作者：張其錚
責任編輯：翁淑靜
封面設計：許慈力
內頁排版：洪素貞
校對：陳錦輝
法律顧問：董安丹律師、顧慕堯律師

出版 —— 大塊文化出版股份有限公司
台北市10550南京東路四段25號11樓
www.locuspublishing.com
讀者服務專線：0800-006689
TEL：(02)87123898
FAX：(02)87123897
郵撥帳號：18955675
戶名：大塊文化出版股份有限公司

總經銷 —— 大和書報圖書股份有限公司
地址：新北市新莊區五工五路2號
TEL：(02) 89902588
FAX：(02) 22901658

初版一刷：2019年8月　定價：新台幣320元
Printed in Taiwan

靈異說書人

THE PSYCHIC STORYTELLER

張其錚 著

目錄

第二部 趨吉避凶的溫馨提醒

自序

我只是個靈異說書人

身為一名超過二十五年以上電視幕後製作資歷的無名老兵，同時也擔綱大學兼任教師、戲劇編劇、企劃師、配音員與胖貓咪「阿肥」漫畫創作者，我作夢都沒想過「通靈人」這三字，竟然也能占據人生資歷中的某個位置。不過很遺憾，我並非專業級，也不是手握令旗、可以奉旨辦事的名家名師，僅僅是隻業餘三腳貓，連「咖」都沾不上邊，頂多就是把多年來所接收到的訊息，及親身所見所聞集結成冊，像說書一樣娓娓道來。與你沒有什麼不同，咱們都是平凡人。

我為何會是個通靈人？自己壓根兒都不曉得，只知道從小就具有一般同齡者所沒有的「獨門眼光」，常指著說「這裡那裡有誰有誰來了」，在往昔那種高度崇敬鬼神、甚至絕對畏懼的古早年代，只會換來長輩破口大罵「囝仔郎有耳無嘴」或「黑白講」這類斥責，甚至換來一陣好打！偏偏俺天生性格叛逆，長輩不讓我講，我偏不從，因此成長到大，總是一路跌跌撞撞，不甚愉快。等到成年後偶遇一位隱匿市井街坊裡的老師父高人——長得很像早年「長壽菸」包裝上的長壽仙翁——他告誡我很多事，也教了不少靈學領域的來龍去脈，這才終於理解自己的獨特身分；但也深知凡事須有分寸，畢竟既非「職業級」或「專家級」，嚴禁逾越規矩，不該說的或做的就是不可以，總覺得有很多神明和「背後靈」在考核。我常自嘲被這麼「勤教嚴管」似乎人生無趣，卻也不禁啞然失笑。

然而，或許是對靈異這方面的「好奇寶寶」太多了，一天到晚常接到同事、友人、學生、陌生人來電來信，要求回答各種光怪陸離的靈異問題，還有拜託我開壇收妖、解決祖先問題，連「馬航三七〇班機在哪」、「藍可兒命案怎麼回事」……都來了，把這裡當免費神壇，卻聽不進我再三解釋：我很多事就算知道，卻不能講、無法處理，也不能告訴你上哪裡找誰解決啦！無奈大家遇事一急，溺水就習慣抓根浮木，管你是不是「有牌領照」的，能指引一條明路都好；有時碰釘子，瞬間理智斷線，對著我又吼又罵，責怪「上次某某某就可以，我就不行？」，我也只能無奈一笑，畢竟個案千百種，有些確實可以在有限度情況下略做協助，有些則絕對插手不得，否則自己倒楣，望請見諒。

這本書所收錄故事，從日常生活到飛天遁地、由國內探索到國外，然而只是個人相關經歷的一小部分。友人羨慕我「人生多采多姿」，眞冤枉啊！很多時候，我這款膽小鬼還寧可希望自己是個平凡人，別跟靈異扯上關係。不過言歸正傳，關於本書，有幾件事須先聲明，以免你大大誤會：

一、**故事本身是眞實的**。但因顧及當事人（或鬼）感受，與地域、文化、特定標的等因素，不希望「講得太白」，以及另有考量，故視情況在部分內容中，會作些許調整或改編。偶因篇幅所限，字數須大幅刪減，可能出現解釋未盡清晰之處，望請海涵。

二、**內容提及的特定名詞**、**用語**、**程序**，**不見得精確**，只就我所能理解狀況，轉化成通俗解釋。或許眞正高人搖頭嘆氣，心想怎會有這款三腳貓如此不專業？沒錯啊！我本來就不是專業的，讓你看笑話、解解悶也不錯。

三、故事中某些狀況描述，**或許跟許多老師**、**專家說法及方法不同**，**也可能與一般人認知有所出入**。到底誰對？我不曉得，只是忠於自己所見所聞，但尊重每個專業看法。倒是請勿一再追問「爲什麼你講的跟某某大師不一樣？」、「豈不顛覆誰誰的說法？」之類問題；若有冒犯專業高人，謹此先行致歉。但既然並非專家，我也無法事事皆說出原理，說不定眼見不能爲憑，肇因眼睛「業障太重」、被妖魔鬼怪蒙蔽愚弄都有可能，反正就是讓我出糗。那又如何？

四、**按過往經驗，必有讀友質疑，甚至網路酸民不斷嘲弄、攻擊**。往昔我會爲眞實性極力辯解，但如今懶得做任何說明，因爲實在毫無意義，還使自己筋疲力竭。你想想看，光是每天被追問「眞的假的」都煩了，況且又無法立即證明給你看（神鬼豈是你「想叫」就能「叫來」？你以爲這是叫貓狗來還是上網叫車？簡直太不敬了！），故現在面對任何質疑聲浪，一律回答「**全是假的！**」。因此建議你，由於部分內容改編之故，將本書當成鄉野傳奇或靈異軼事看待可能妥當些，況且本人已至「知天命」年歲，凡事須逐漸看開，對惡意攻訐一笑置之，方能摒除紛擾、百毒不侵，平靜安度剩餘歲月。

說到這裡，有個感觸。

眾多高人早有警示，於此亂世時代，陰陽失衡，群魔亂舞，天理不彰，且光怪陸離、甚至驚世駭俗之事時有所聞。光是全球恐攻、屠殺虐死、天災意外、變異細菌、政局紛亂、顛倒是非、社會怪象侵擾不斷，即知其嚴重性，你看連農民曆的部分內容都失準了！也有好些命相術士困惑「遵從古法爲何算不出正確答案」？若能接受此乃亂世之必然結果，應可恍然大悟。另一方面，眾神當然無法坐視不管，已有對策，據我所知，一方面極力團結抗衡魔域勢力，並改變原有戰略；在不斷有人「著魔卡陰」之下，必然有越來越多凡人逐漸具備通靈體質，理解魔域擴張事實，提高警覺，進而防堵化解。我非高人，不知細節，但至少知道眾神已在凝結力量與匡正之中，雖不會太快，但絕非束手無策。

同時，請不要用人的邏輯去衡量神的看法。人常一遇災難或不順，不免情緒衝頂，怨天怨神「公理何在」，但神自有看法，只有祂考驗你，你休想挑戰祂，不可能「人定勝天」，更甭說「膽大包天」，只能乖乖接受測試。不過有個好消息：除非特殊狀況，否則絕大部分因果或業障、報應，都應會在這一世清算完畢！如果你對「現世報」說法嗤之以鼻，反駁我：「某某某壞到透，爲何吃香喝辣沒受懲罰？」唉！那是你心太急啦！何不擱張板凳、準備零食，坐下慢慢看好戲呢？老天必有安排，別急，在本書中也會陸續提及。

環境既然如此，你我可能遇到靈異狀況的機率必然提高，但勿驚慌，反正也躲不掉，不如坦然面對，**建議修身修德、明辨是非、理直氣足、行爲端正，自可擋除不少陰惡污**

穢，邪魔難以靠近。此外，在這個世紀，許多舊有觀念、思維不斷轉化中；比方說祈求神明，請無須爲表誠意而鋪張浪費，或者非得早晚誦經個三百遍不可，**僅須將自身品德修好，以雙手合十祈禱，內心虔誠必得靈驗，所信奉的神尊必眷顧你**，就這麼簡單，信不信由你。還有甚多傳統認知，於此時代都已改變，且再變、三變，理由無它，僅因亂世，神明決策須有所調整。

這本書的誕生，除了須感恩眾多高人從旁啓發指點，亦感謝大塊文化總編輯湯皓全先生、主編翁淑靜小姐，以及我的父母、岳父母、家人、主管、同事、友人與學生，還有謝謝讀友們願意給予我機會，藉由精采的閱讀歷程，不管快樂、驚悚、悲傷、憤怒，期盼營造出一段段美好閱讀時光，進而繽紛你的人生。

第一部　難以理解的靈中之異

難以理解的靈中之異

以下要說的這件往事，我怎麼推敲都想不透，這究竟是怎麼回事，因爲有太多讓人感到混淆和離奇的狀況，至今雖不能說是謎團，然而仍有無法理解之處。

已經畢業好幾年的學生「阿強」，在某個夏季深夜裡突然打電話給我，說他遇到緊急事件，問我可有辦法解決？本來以爲是什麼擄人勒索、討債糾紛，還是感情挫折。但繼而想想，「阿強」在校時是個乖學生，不太可能發生這類鳥事，趕緊詢問怎麼啦，但他卻說不出個所以然，後來總算支支吾吾地理出頭緒，說他被「困在」臺北市區旁的山裡面，應該是碰上「鬼擋牆」，結果迷路走不出來。

這可讓我聽了哈哈大笑。在市區這種熱鬧地方，還會遇到**山難**？你唬我喔？太好笑了吧！但從手機裡傳來的口氣不太對勁，我立刻警覺，開始不敢大意，仔細聆聽。

「阿強」說，他太久沒活動筋骨，週休想到住家附近的登山步道爬爬山，好好鍛鍊一下，但盛夏酷熱難耐，白天出門簡直馬上被烤成「人乾」，在家又悶得發慌，只好等到傍晚五、六點這種華燈初上的時刻出發。特別是晚風徐徐吹來，鳥瞰市區點點燈火夜景，應該會舒服許多。

我鬆了口氣。臺北市區人氣聚集，旺得很，就算真的「鬼擋牆」也不至於太離譜；況且要搭救的話，起碼我在市區，很快就可抵達。但「阿強」口氣急促，顯然所遇怪事並不單純。

「阿強」說，他是下午五點半從山下開始爬，沿途都能見到同樣在傍晚運動的鄰居和山友，還不覺得有什麼異狀；隨著時間慢慢過去，天色漸漸暗下，整個臺北市夜景盡收眼底，他覺得無比舒暢。不過徐行緩步爬了兩個多小時，晚間八點剛過，大汗淋漓，蚊子變多，他準備要下山，卻猛然發現步道上一個人都沒有！雖然一旁是山壁，一邊是美麗的臺北夜景，但無論他怎麼沿著指標走，到最後總會走進茂密竹林，根本無從下山。

曾聽老一輩說，如果迷路時老碰上竹林，陰氣較重，八九不離十，幾乎確定是「鬼擋牆」。儘管我極不想相信什麼鬼擋不擋牆的，但在此時，我很認真地把手機緊貼著耳朵，想知道「阿強」下一句說什麼。

但他傳來近似哽咽哭聲。

「老師！我從來沒有這麼害怕過！不論怎麼走，明明臺北市夜景這麼近，某某地標大樓就像在我眼前，可是我眞的沒辦法走回山下！而且，我也試著走不是指標指引的小徑，感覺都下坡了起碼百公尺，可是最後我抬頭一看，高度還是沒變！我還在原地啊！」

「那，你能告訴我，大概的位置嗎？比方說你現在看到，旁邊那條馬路是什麼路？」

「我……」眞是個好樣的！一個成年大男孩，在老師面前也管不管什麼面子問題，傳來啜泣聲，一聽就知道假不了。「我眞的沒辦法告訴你，都亂了！老師，現在我眼前……我眼前看到的臺北市夜景，我……我有看到熟悉的地標大樓，可是平面出現的馬路跟房子，完全變了樣子！根本……我根本就認不出來啊！」

看來這下麻煩大了。我問他報警了沒？他說有，他記得住家旁邊派出所的電話，但連打三通，派出所警員都說已經處理中，快了快了。但他在這山徑上頭等這麼久，都半夜了，卻毫無人影出現！

「你再耐心等等看，說不定救援馬上就到了！」我皺起眉頭，嘆了口氣。

「老師！老師！」手機突然傳來「阿強」大叫，「那棟地標大樓……」

「那棟大樓怎麼啦？」我不解地問，「不就好端端在那裡嗎？」

「不是！老師，我剛發現在它旁邊，**又多了一座跟它一模一樣的大樓！**」

我當時其實有些生氣。「胡說八道！你是喝醉了嗎？帶酒爬山喝到茫啦？三更半夜這樣亂整老師，你以為這裡是吉隆坡雙子星大樓嗎？還是臨時蓋了另一棟？」

「老師，我發誓！」他口氣中帶著詫異及驚恐，「我真的現在就看到大樓變成兩座，一左一右，沒有眼花，看得清清楚楚啊！啊？怎麼會這樣？什麼時候變成這樣？」

顯然情況更加嚴重。我問他要不要我親自上山一趟？他說，他真的整個亂掉，不知道該怎麼形容……畢竟連身在何處都不清楚啊！我試著找話題聊，解除他內心不安和恐懼。

「阿強」很快地敘述，在打電話給我之前，已經打給家裡、同學、朋友，能找的全都找了，弔詭的是，一、二十通就是沒一個人接！即使留言也沒回應；之後想起趕緊求助警方，枯等這麼久依然沒用！雖然步道靠近市區光源，不至於太黑暗，可是在這種地方，他又是附近居民，竟然會迷路迷到不可思議的地步，如同被囚禁山中，簡直嚇到瘋了！忽然想起老師是業餘通靈人，於是抱著試試看的心情撥打，還真的被我接到。

警察應該可以利用手機發話端找到定位吧？「阿強」抖著聲音告訴我：「沒有用啊！

如果能夠找到，為何還拖這麼久不見警察的蹤影？」

我不知道他身在山區何處，他也講不出個道理，打電話給警察又不見救援抵達，這該怎麼解決啊？我實在沒辦法，只有建議他找個地方先坐下來，不要移動位置，最壞打算就是捱過一個晚上，說不定到了天亮，視線清楚後，應該會好一點。老一輩有交代，如果發現地形地物跟平常認知不同、不太對勁時，首先最好靜止不動，閉目養神休息，比較有機會突破重圍。

「阿強」在掛斷電話前，最後告訴我的訊息是：他照我的話做，只是山嵐漸起，開始有霧，慢慢地遮住視線，他不敢再往前或往後移動，在一顆大石頭旁坐下來休息。

第二天一早，我五點半就醒了，趕緊撥電話給「阿強」，卻無人回應，我擔心他可能出事。如坐針氈熬到七點多，忽然想起他有留住所電話，於是趕緊試著聯絡，終於得知他已經平安返家的訊息，然而，他帶給我一個更難以理解的情境。

他口氣恢復平靜。「老師，我早上五點下山了，原來我坐著的位置，正好就是步道登山口！」

「也就是說……你其實已經回到山下？」我問。

「對！我馬上先到派出所去，告訴警員說，我已經回來，不用再搜救了，可是值班警員一臉茫然，不曉得我在講什麼。我跟他說，我就是昨天晚上打了三通電話給你們，你們說會派人來救我的那個某某某。」我聽「阿強」口氣越來越激動，「但是那個警員查了又查報案紀錄，回答說昨天晚上很平靜，根本沒有人通報這個訊息啊！」

「那你有沒有拿起手機，給警察看你的通話紀錄？」我再問。

「阿強」在電話那端沉默片刻。「老師……我在派出所裡想半天才知道……我根本就**沒有把手機帶出去！**」

「啊？什麼？」我聽得一頭霧水。「你沒帶手機？你沒帶手機？那你昨天晚上用什麼方式跟警察和老師聯絡？飛鴿傳書喔？你到底是喝醉還是……簡直要我嘛！」

「我眞的沒有喝醉啦！我也沒有耍老師啦！可是就是不知道啊，我是習慣把手機放在褲袋裡，但昨天傍晚想爬步道，所以只穿T恤加一條運動短褲，短褲沒口袋，所以只帶家裡鑰匙就上山。可……可是很奇怪，我昨天晚上明明就有握著手機啊！但從派出所急急忙忙回到家，打開門才曉得，手機就在我房間裡的書桌上，沒人去動它！」

這下眞的可以證明，又遇到靈異怪事。不過我立刻要「阿強」趕快去廟裡拜拜，他可能眞的被不明狀況給蠱惑了，但更倒楣的人是我，因爲我是唯一能跟他聯絡上的人，應該也會被連帶影響到，只好乖乖地按照咱家古法淨身去穢也，花了不少時間和力氣。

只是我也很納悶，「阿強」昨晚到底跟「哪個警察」聯絡啊？連打三次還有問必答咧！這個超猛，厲害！厲害！

寫到這裡，你以爲故事說完了嗎？不，這件事還沒告一段落。

就在這件事結束後三個多月，「阿強」班上有個也被我教過的學生，趁著深秋初冬又靠近年末，想討個老婆好添喜。他發了帖子過來，我覺得這孩子也乖、當時在校表現優異，於是欣然赴約，並且和他班上的死黨們坐在「大學同學」這桌。

聊著聊著，我感嘆年紀大了，中午酒席還沒開始，都覺得有點睏了……啊！還有還有，你們班上同學，老師都記不太起來，像是……喔，想起來了，你們班那個「阿強」啊，三個多月前還被困在臺北市區旁邊的山區步道、半夜打電話來吵我耶！糗吧？你們看看，這太離譜了嘛！我說這傢伙啊……。

當我要開始敘述整個事情過程，發現同桌每個「阿強」的同學，臉上露出詫異或驚愕的表情，讓我覺得不太對勁。

「怎麼啦？你們怎麼表情怪怪的？」我納悶地問。

幾個學生不敢開口，幾經催促，終於有個學生緩緩回應，聲音還略微發抖。「老師，您三個多月前，確定接到『阿強』的電話嗎？」

我點點頭，順便把桌上瓜子嗑了往嘴巴裡塞。「可是喔，這過程有些奇怪耶，我還是想不懂喔！像是……」

話沒講完，馬上被一個女學生打斷。「老師……『阿強』在更早一點的時候，五月……人就……就出車禍……走了……」

「什麼？」我叫了好大一聲，其他桌的賓客被我嚇到。「不對啊！我明明就有接到他的電話，說他被困在山裡……」

另一個男學生回應我，「老師，我們這幾個算是他的麻吉，告別式都有去幫忙。後來，就告別式結束過了大約一個多月左右，我們手機都有收到很像他聲音的留言，說被困在山裡頭，現在又怕又慌。這個留言聲音有些模糊，疪疪擦擦雜音也很大，本來有點納悶，但想想覺得不太可能，而且來電顯示又是奇怪亂碼，應該是誰惡作劇，或者詐騙集團成分比較大。不久前，我們幾個有接到相同留言的人，還討論過到底是誰在亂來啊？最後結論大概都認爲是在騙錢的吧？但，經老師您今天這麼一說，我們……我們……**就眞的不曉得該怎麼回答了。」**

在喜事場合上，實在不宜談靈異鬼怪，一陣沉默，只好先把話題打住，等到宴席結束，我邀幾個學生到飯店一樓的咖啡廳坐坐。他們有人剛好沒刪當時來電留言，讓我重複聽了快二、三十遍，聲音是很像「阿強」，但仍然感到納悶無解，怎麼會有這款怪事？

「好吧！我不聽了。」我把手機耳機拿下來，「你們知道『阿強』在哪裡出的車禍？」

有個學生回想了一下。「好像是ＸＸ路旁吧！有聽他們家人說，他那時好像是準備過馬路……喔，對了，就是在步道入口的旁邊，說是被進廠維修的公車輾過去，當場就往生，很快，但死得很慘就是了。消息透過臉書一傳，大家看到都哭得很傷心。」

聽完學生們描述，我沉思良久。我推測「阿強」死後，還沒回歸該去之處，仍在人間繼續當遊靈；倒楣的是，連想要運動一下，都還被「同類」滋擾，便覺得有些心疼。我懊惱「阿強」在透過電話向我求助時，自己竟然沒感應出他已經離開人世，我這個通靈人豈不徹底「失職」？再順便拿出自己手機，想找找當時通話紀錄，但與其他學生不同的是——我手機裡竟然顯示空白、沒有出現任何通話紀錄！難過之餘，心想或許是「阿強」擔心我害怕，所以故意「不顯示」吧？我不曉得，只是隱隱有些失落。

記得當天在回家前，我特別到「阿強」出事地點、那個登山步道入口旁弔祭一下。同樣是傍晚時分，雖然天色有點陰暗，一樣有很多人進進出出。不過，我總不能帶著鮮花或任何物品擺在旁邊，會嚇到人的，只好面對著山壁，雙手合十，默唸著祈禱文，旁邊還有個阿嬤好奇過來，問我是不是在拜天公？拜天公不是這樣拜的啦！你要朝另一邊，然後要這樣那樣做才對⋯⋯。

我只是笑笑，沒多理會。此時天空突然飄下毛毛細雨，山上的霧氣似乎逐漸往山腳下擴散、襲來，在接近初冬時節，顯得有些沉鬱，更像「阿強」在向我這個老師致意。不知道「阿強」的靈魂目前待在何方？如今，幾年都過去了，我回顧這件往事，只希望「他」已經抵達該去的地方報到，別在陽世間繼續被孤魂野鬼作弄，一切都能趨於平靜，也好讓我安心、不再掛念。

危險水域

你絕對聽過一些傳說，指臺灣很多河川水域，都是出了名的「鬼域」，言明「阿飄」每年要多少溺水客淪爲波臣，抓去「交替」，更有定額「扣達」；另有人繪聲繪影指出，說常見某水域上方有「幽靈船」停駐，不久之後必然發生溺水事故，而且言之鑿鑿，表明要載走多少多少人……等等。

每次看到網民或親友講得煞有其事，我實在很想出面駁斥：不是你想看靈異現象就會有（況且你也未必看得到！倒是部分通靈人則例外，往往不想看還會有事）；再者，就算有「鬼域」或「幽靈船」又怎樣？在大氣環境中，這類「無形」都快擠到爆了，無處不在，躲也躲不掉！既然如此，就別在那裡自己嚇自己；戲水活動本來就有風險，你應該聚焦於安全防護，不要鐵齒搞些危險動作，以免浪費納稅人寶貴的救災資源。總之別劃錯重點，你不去招惹「無形」，通常都不會有事，人家也沒胃口找上門，道理如此簡單。

依我經驗，有兩件事必須予以澄清：

一、**「交替」沒有所謂定額之說**。皮在癢的人不聽勸阻，硬要下水，那就是陰間、魔域惡靈的最愛！管你今年「規定業績人數」滿了沒，照抓不誤。在那個領域而言，「壯大成員數」如同跟口袋裡的鈔票一樣，沒在嫌多的。

二、**不一定要「幽靈船」在附近徘徊才會出大事**。例如某河川在一個夏季裡頭，發生多起溺斃事件，從來也不見「船」影，但死亡人數超過一打，這又怎麼解釋？

所以，不必用「傳說」、「據說」來製造恐慌，只要提高警覺，注意自身與旁人安全、不貿然下水嬉戲，並事先防護，絕對沒有錯。千萬別責怪當地政府，或消防救難單位立牌警告很煞風景，你要知道很多水域看似平靜，誰曉得水下暗潮洶湧、深不見底？若是拿命開玩笑，只為戲水消暑，那代價未免也付得太大了。在臺灣，每年只要天氣一熱，好些遊客就硬是不聽勸，偏要闖入「祕境」或知名景點大玩特玩，而不幸被暗流捲進、無力抵抗。有不少人就這樣瞬間遭到吞噬，從陽間戶口名簿中劃掉、直接「移籍登錄」到陰間枉死城名單裡。

最火大的就是常聽到哪條溪、哪條河、哪個海域，因為有人玩水而溺斃，然後必須出動大批警消搜救、援助；更有不理性家屬，在旁痛罵警消動員或急救太慢！天哪！眞想過去把這種人狠狠痛扁一頓耶，叫他們趕快醒醒吧，你以爲消防隊就開在旁邊嗎？

再提醒你：危險水域不僅限於官方公告區域，只要是有水流、儲池、可以戲水的地點，它都潛藏一定危險性；即使家裡澡盆、浴缸、兒童塑膠泳池皆如此。倒是如果在戶外，你看到溪流旁邊比較平坦的石頭地上，或者橋頭石柱上，有人拿重量足夠的石頭壓住冥紙，或者發現沿著水邊冥紙不斷，那就清楚說明這個地方出事率極高，是個「熱點」，請不要懷疑。

用石頭壓住冥紙，聽傳聞是說給這些「好兄弟」來點「盤纏」，祈求「他們」一路好走，快去該去的地方，別再抓陽世間人類「交替」，兩邊好相安無事。不過我納悶：冥紙上頭用石頭壓著，固然是怕冥紙被風吹跑了，可是用石頭壓著，你叫這些靈魂怎麼拿啊？不解。

我到過不少出事頻繁的危險水域，老是見到許多臉色慘白的「胖魂」——不是眞的胖，而是溺水後的腫脹形體——在水邊、水面上、水面下出沒，多半是剛「走」不久的，有些最後得以幸運地離開荒郊野外，走上眞正的歸途。但也有爲數眾多、沒有家屬招魂的無名屍；或請來道士可能是個「三腳貓」，道行不夠，靈又收不走，久而久之可能「深耕在地」，吸收過「日精月華」之後，某些逐漸轉變成青銅色或綠色，骷髏形更加明顯，成爲魔域的厲害角色，那就更恐怖了。至於是否有其他因素導致？抱歉，我才疏學淺，實在無法回答你。

多年前有這麼一回，我住在有溫泉、山景爲伴的某風景區，就曾經碰過這種狠角色。當天清晨陰雨綿綿，在旅館吃完早餐，決定撐著傘外出散步健行，先把山徑走過一遍再說。我背起相機包，帶著妻子走上荒山邊緣的古老吊橋，當時橋上無人，只有咱夫妻倆緩緩前進，四周寂靜無聲，看似甚具「詩意」；只因該吊橋年久失修，部分腳踏木板早已腐朽或不見，又有點兒濕滑，所以在不斷搖晃中，我們必須低頭注意自己的踩踏位置並扶著橋纜，另一隻手還得騰出來握傘，我笑稱像在表演特技走鋼索，那種「空山靈雨」的雅致閒情，一下子就不見了。

當我在前頭已經走過三分之二，脖子有點痠的當下，抬頭一看……媽呀！吊橋另一頭入口，竟有個穿著黃色雨衣的**綠面骷髏**站在那裡，跟我面對面，還露出猙獰又噁心的笑臉啊！特別是犬齒部位，根本就是獠牙！

我瞪大眼睛，差點沒立刻吐出來！按照過去經驗，這種狠角色曉得我看得見「他」，但我「道行」可沒這麼高，千萬不能硬碰硬，否則一旦被纏上，鐵定非死即傷（至少大病數個月跑不掉）！顧不得妻子還在後頭跟隨，我迅速調頭，開始朝來路死命地跑！妻子以為我在開玩笑，還笑我膽小鬼，但我只大吼著叫她：「**往回跑，不要問！**」她見我神色不對，按照夫妻之間培養多年的深厚默契，就算還摸不著頭緒，想都不用想，她馬上也跟著「死命撤退」，拔腿奔跑。整座吊橋劇晃到差點垮下來，還好最後總算安全抵達起點。

回到原地，朝另一頭望去，那個狠角色還在另一頭入口，看來非常有自信地等我過去，讓我不寒而慄，連將「他」拍下來的勇氣都沒有（可能也拍不起來）。妻子聽完我的解釋，嚇得臉色慘白，特別是她又看不到對岸情況，那恐懼更加深刻。好，不走這座吊橋也行，但必須繞個大遠路，還要穿過一條溪流上方的新橋，大約需走將近四公里，我們最後決定，不要冒險，改繞遠路吧。

在繞路過程中，遇見幾個在涼亭閒聊的當地村民，我趕緊描述於吊橋所見之事。一個老人家不假思索地回答我，啊，那大概就是好多年前，在下雨天騎機車，因路況不明、一不小心打滑摔進溪底溺死的某某婦人家啦！村裡好幾個人都曾看過喔，而且看過的……那些看過的村民，好像不久以後，很快都「走」了耶。

老人家非常慈悲，直勸我趕緊去村裡大廟拜拜，求神明保佑，因爲我看到這種景況，恐怕很快也會被「帶走」。

我謝過老人家好意，但心裡也有些不舒服，進一步詢問，既然知道是誰，怎麼家屬不前來「招魂」處理呢？其他村民七嘴八舌回答，說那婦人家沒生孩子，跟著丈夫從外地搬來此地做小生意，向農家批了本地香菇，專門賣給觀光客，和鄰居互動不多。多年前，婦人的丈夫在雨天裡，爬上屋頂修水塔馬達，不愼意外觸電身亡後，她就開始變得有點恍神。她自己出事那天也是下大雨，騎著機車，穿黃色雨衣，沒戴安全帽，不知怎麼搞的，就這樣衝進路旁山溝裡，然後沿著斜坡騎到溪底，車頭一滑，整個栽到吊橋下的水底去，頭還卡在水底的爛泥中，身體被機車壓住，動彈不得，死因相當離奇！警消七手八腳把人撈上來，已經夠忙亂了，誰還會想到「招魂」啊？

老人家是目擊者，說得彷彿球評在「現場直播」似的。他接著說，我們繞路也好啦，那座吊橋夠舊了，危險得很，不走也對。啊！可是繞路會經過XX橋，小心啊，那裡只要天氣一熱，就有不少猴囝仔喜歡在橋下戲水，結果每年大概會「帶走」十幾個人，警告我們天氣漸熱，別亂跳下去玩水，那裡暗潮洶湧，不要開玩笑。

我笑稱咱夫妻倆年紀夠大，早過了猴囝仔年紀，但得知那座橋陰得很，於是收起笑臉，頭皮又開始發麻。但該走的還是要走，只好先謝過村民，然後步行離去。老人家又不厭其煩叫我趕快去廟裡拜拜！離這裡不遠。

好，拜完了廟，路還是得繞。當我們靠近ＸＸ橋時，雨下得更大了，加上山嵐霧氣陣陣不斷飄過，才早晨耶，卻像傍晚一般昏暗，那氣氛更加陰森、恐怖……。

距離ＸＸ橋還不到二十公尺時，我發現橋兩旁，「果然」全「擠滿」大大小小的「人」啊！看來這裡多年來溺死者非常多，一個個看來愁容滿面、腫脹不堪，有些形體甚至被魚蝦啃蝕！橋中間「人」多到只剩一點縫隙可供通行，讓我看得傻眼，眞想把剛吃過的早餐，全「還給」大自然！畢竟眼前的景象實在令人反胃，好想吐。

要不要通過？這些靈魂看來並不算惡意，應該還好，只不過「大家」盯著我們瞧，在大雨的清晨裡，氣氛格外詭異。事後我把這段故事說給友人聽，他們都罵我怎麼不把「他們」拍下來啊？大家可以「研究研究」；我認爲這樣恐怕會招致不滿，也不知道拍出來的「效果」及「後果」是什麼，還是別冒險比較好。

妻子看不到那些「異象」，當然無從警覺，還因爲看到橋旁山壁，開著某種奇特花草，非常豔麗，在都市裡相當少見，想叫我停下腳步，她要撐著傘慢慢欣賞；但感覺我神色相當恐慌，沒有說話，心知大概即將接近「某種特殊場域」，趕緊捂住嘴，靜悄悄地挽著我的手，兩人撐傘快步通過這座大約四、五十公尺長、寬約四公尺的橋面。只是每跨出一步，都覺得橋怎麼越走越長、走不到盡頭，相當難捱。

從橋上通過時，我眼角還是可以瞄見整個橋底，頭一偏，居然讓我驚見淙淙水聲中的美麗溪流裡，竟然從水面伸出一隻隻大大小小的人手！大概有四、五十隻！

啊呀！不得了！這已經不能用「壯觀」來形容，恐怖到簡直破表！如果你到過遊樂場「鬼屋」，可能看過從牆面、天花板伸出的一隻隻人手嚇你，或許因爲知道是假的，還不會過度恐懼；但當你親眼看到整段溪流和水面，浮現這麼多隻人手（或者手骨），有大人的、小孩的，還有嬰兒的手，甚至粗壯的手臂緊握釣竿的（可能釣魚時溺死的吧），在那裡漂浮、伸出、移動，布滿整個水面……試問：你會怎樣？

天啊！眞的不行，夠了！夠恐怖了！一過了橋，我趕緊靠扶著一旁山壁，開始大吐特吐！奇怪的是吐不出來，一直在乾嘔，很不好受。妻子緊張地拍我的背，問我怎麼回事，我立刻阻止她拍背，皺起眉頭只比個手勢——走爲上策！

快步離開那座橋後，接下來的路是沿著溪流旁邊而行，那種水面、水邊處處靈魂的「特殊景象」，情況並沒好到哪裡去。我驚魂甫定，雨勢也漸次變小，收起雨傘仔細打量四周環境，這才發現這溪流非常美麗，水勢並不湍急，又離步行路徑很近，相信盛夏時節，必定有許多遊人前來戲水消暑，但納悶爲何如此多靈魂未被收離？

我終於拿出背包裡的相機，利用伸縮鏡頭朝水面觀察，驚見其實還有很多可能的暗流潛伏四周，河道不乏漩渦分布，再瞧瞧一旁救生圈及當地政府公告的警示牌，當能想見這裡每年要奪走不知多少條人命！眞是可怕。

等路一彎，漸漸遠離河流區域，此時烏雲散去，陽光露臉，我的身體也比較恢復正常，剛才腦袋一陣暈眩，現在好了很多。

前方不遠處有座養殖場，我們看到一個歐吉桑，靠在魚池外頭的卡車車斗上抽菸，順便請教他有關這裡發生過的一些事情。

他表示自己不是養殖場的主人，只是來送飼料的，不過由於住在隔壁鄉，所以這裡情況大概略有耳聞。

就這位歐吉桑所知，該水域有個很奇怪的特徵，就是會「引誘」人們下水！不過，你說這裡風景好，很多地方也不錯啊，但從未有其他地方像這裡一樣，讓外地人初來此地，即使沒有計畫下水一玩，也似乎感受到「誘惑」，不自主地想泡在水裡，磁場特別怪異。

我能理解靈異中那種「磁吸效應」感受，在很多地方都可能會發生。「磁吸效應」是指：當肉眼所見，在沒有任何強迫或暗示、鼓動下，一個人會在某個情境裡，被某種不知名的力量自然牽引，毫無警覺地去進行某件事。

歐吉桑進一步說明，他唸國中的大兒子，有回在初夏時分，穿著制服，週末騎腳踏車來到這附近，想觀察學校自然科所教的植物。當他把車停在路邊，忽然覺得有一陣颯爽涼風吹來，引導著他，讓他感覺「很舒服」、「很愛睏」，竟然不自主地朝溪邊慢慢踱步而行，人也逐漸失去知覺……等到整個人突然驚醒時，自己穿戴整齊，卻泡在溪水當中，同時腳快要踩不到河床，還喝了幾口水！要不是他趕緊奮力游回，說不定再慢個一步，他阿爸就要請「師公」來招魂了。

這個歐吉桑承認，這整片水域風景雖然不錯，但就是很怪，說不出的怪！連他這麼鐵齒的人，如果定力不夠強，也必然會讓不知名力量拉進水中。他說他大兒子的幾個同學也曾講過，以前這裡還沒有嚴格管制，他們幾個年輕小鬼頭好喜歡到此地烤肉露營，而且都有這種經驗：先「感覺到一股很舒適的涼風」，接著「人好像打了麻醉劑似地開始晃」，最後則是「自動朝水邊走去」，衣服都沒脫，整個人就莫名其妙地泡在水裡；有人來了五次，其中有兩次竟然都是泡在水中後突然驚醒，趕緊死命撥水回到溪邊，卻被同學笑「吃了安非他命」！

時間久了，有過類似經驗的人一多，謠言四起，大家都覺得不寒而慄，加上溺水死亡遊客年年累積，更增添神祕與恐懼。然而，明知道這裡戲水危險，卻還是屢屢發生連當地人有時都無法解釋、沒有理由地自然朝溪中走去的怪事，且很難解析「爲什麼」。

謝過這位歐吉桑提供的訊息，我們繼續往前走。進一步朝溪旁再目視，這次看得更清楚了。不少地方的低空範圍，漂浮著幾團黑灰霧塊，這應該就是「陰陽交界」的特徵吧？我想。讓人驚訝的是，這幾團塊狀物所在位置，特別會聚集好些孤魂靠近；不料此時讓我又看到溪裡頭伸出幾隻人手，在用力揮舞著，突然間讓我冷汗直冒，這次再也無法承受，開始狂吐起來！「終於」把早上吃的美味餐點，一股腦兒全掏得乾乾淨淨，然後也不管溪邊大石頭在下過雨後有多麼濕滑，整個人癱坐在上頭，虛脫到幾乎動彈不得。

到底我招惹了誰？還是侵犯某某人的「領域」或「地盤」？

更可怕的是，歐吉桑口中那陣「舒服的風」居然在此時吹過來！妻子眼見不對勁，趕緊問我要不要盡速離開？我死命點頭，趁著神智仍然清醒當下，顧不得那風有多舒服，在妻子攙扶下，勉強打起精神，三步併兩步逃離溪邊！我一直想知道這陣風是從哪裡吹過來，但環顧四周區域，呈一個狹長峽谷形狀的溪流，應有山巒擋風，怎麼想都無法得到一個合理答案，可是風就這樣突然吹拂過來，反讓人更加顫慄！

回到旅館準備退房，服務人員一直推銷這裡有多好、有多棒，歡迎我們介紹給親朋好友，休假時來此一遊，平日住宿還可以打八折、假日九折，而且環境清幽，安靜得不得了……。

這裡安靜？從一早出門遇到個「青面狠角色」，到橋邊一堆「阿飄」，再加上沿溪看到數不清的人手伸出水面……這還不夠熱鬧嗎？我有一種哭笑不得的無奈感受。至於妻子，畢竟是一般人，比較看不到這種「有的沒的」怪東西，感受上沒這麼強烈，連剛才共同遇到的「奇特狀況」，很快就忘了，還親切地跟服務人員閒聊，順便要份簡介跟房價資料帶回家，連稱這裡環境清幽，很適合度假，看來她比我幸福多了。

回到家，妻子完全沒事，我卻莫名其妙病了整整兩星期，每天拖著疲憊的病體倦容上班去，看病又查不出原因，最後更莫名其妙地痊癒。只能說，這個靈異世界有太多奇怪事物，就連我這個業餘通靈人，也無法清楚解釋。

陰間勢力討公道

很多民間傳奇故事，或者一些警世寓言，爲了要勸誡陽世，習慣上都把陰間的鬼魂描繪得超恐怖。就某種程度來說，是，沒有錯，「他們」確實有如此功力；可是，也請別把所有陰間事物都歸類成「人間公敵」！「他們」有時跟陽世間的人類一樣，有愛恨情仇，有七情六欲，更會憑著一股直率義氣，去追懲還活在陽間的歹徒惡棍。

有時候我會覺得，**跟人比較起來，鬼還比較可愛、忠誠**。「他們」不說謊、守信用、使命必達，只要你不犯律例，不踩紅線（通常會先警告你），基本上，鬼不會是人們的公敵，反而是好朋友。

你看嘛，許多曠日廢時、始終破不了的大刑案，警方抽絲剝繭簡直要抓破頭，依然無法找到偵破的關鍵點時，有可能需要求助於另一個世界。請神明也好，鬼魂也罷，幫忙透露些細節，而且通常都會獲得一些啓示或靈感，讓案情水落石出、眞相大白。

請不要誤會，我仍高度肯定警方在偵辦刑案上的高超功力，只是偶爾也要一些外力協助。警方在檯面上，當然不會說有鬼神協助，大多強調「在同仁不眠不休、鍥而不捨的辦案精神支持下，終於……」總會些有跑過社會新聞多年的老記者，或者前資深刑警，把這類案件當話題，歸納出有求於「無形助力」部分，一點一滴給透露出來，這才讓大家逐漸明瞭，原來陰間勢力如此「不簡單」。

警方拜託神明或鬼魂幫忙的破案實錄，你光是聽那些名嘴講得嘴角全波，就已經萬分精采，不需要我在此錦上添花、老調重談。我要告訴你的重點是：陰間鬼魂看盡人間紛紛擾擾，大可不必插手介入，然而隨著這整個大氣環境混亂、失序，「他們」也看不下去了；加上有些亡者含冤莫名，甚而背負罪名、渾身怨氣，若不幫忙出口怨氣、討回公道，對「他們」這個領域與性格而言，恐怕也是說不過去的。

先坦承，以下我要講的是經過改編的故事。不是我故意篡改事實，而是其中的某些歷程有所顧慮，不方便透露；加上無形朋友要求，在寫文章時必須做些調整，請各位讀者諒解。

話說某個初冬假日，我獨自無聊地搭著客運到處閒晃。因爲從深山返回小鎮的客運班次極少，等到車時已經過了晚餐時間，再經過個把小時車程，到了小鎮準備再轉車返回臺北，差不多是晚間八點近九點。我在街上想找點東西墊墊肚子，無意間在一條老街巷弄裡，聽到小男孩悽慘的哭叫聲，他嘶吼著：「不要啦！不要啦！我會乖啦！不要啦！啊……」

是誰家小孩？不知道；是虐童嗎？不清楚。我慢慢地循著聲音，找到是從小巷內一排街屋某棟的二樓傳來，但令人驚訝的是：發出聲音來源的整棟屋子早已荒廢，連窗子都被打破，雜草叢生，垃圾滿地，裡頭暗無一物，但確定聲音是從裡頭發出。

難道小孩被歹徒囚禁在這棟荒廢空屋內？我萬分不安，因爲聲音始終哭得很慘，左右兩棟房屋同樣像是無人居住，屋內也沒有任何亮光透出。更讓我驚訝的是，就在二樓窗檯上，突然看到一個小男孩身影，死命抓著鐵窗持續高喊：

「不要啦！我眞的會乖啦！不要打我啦！不要打我啦！啊……」

眼見這種景象，嚇了我一大跳，嘴巴張得好大，但不久之後，這影像如同燭火滅了一樣，漸漸消逝。我回過神來，看到同側相隔兩棟有家女子美容院，裡頭歐巴桑正在掃地，好像準備要打烊了，燈光在暗巷中十分明顯，於是趕緊走進去詢問個究竟。

「啥？你說那裡傳來小男孩哭聲？」那個歐巴桑顯然很驚訝，有些失神地不斷重複：「我沒聽到，我沒聽到……」

「哭得這麼悽慘，大家厝邊頭尾竟然沒聽到？」我不敢置信。

感受到歐巴桑神色不太自然，我直覺內情應該不單純，再三追問下，原本不太想多講的她，突然迸出這麼一句話：

「先生，你確定你有聽到？」

我用力點頭。她大嘆口氣，只說了一個「好」，然後把掃把擱一邊，坐在理容椅上，緩緩地告訴我，這裡發生過什麼樣的大事。

歐巴桑表示，就在幾年前，那戶人家長期虐童，結局是四歲小男孩被媽媽那個「疑似」吸毒的同居人毆打重傷致死！除了腦震盪、脾肝破裂，全身還有六十幾處菸頭烙印，死狀令人不忍心看；要不是這附近國小附設幼兒園的老師發現，趕緊報警，搞不好最後小孩被打死、被埋了也沒人曉得。當時她有看到，當小男孩被抱出放上擔架急救的那一刻，眼睛竟然是瞪直的！她簡直不敢相信；再看到他的小手，指甲被那男人硬拔，傷到指甲變紫、血塊凝結，她看了內心感到好痛！好痛！但無奈這不是自家孩子，也沒立場多說什麼。

「既然小孩長期被虐，你們街坊難道都沒聽到？」我有些憤怒。

「有有有，我們都有聽到。」歐巴桑神情黯然地回答，「可是在我們鄉下地方，小孩犯錯被大人打啊罵啊，不是很平常嗎？當然有時候小孩哭得很慘，第二天我們這些厝邊都會問他媽媽。喔，像他媽媽有時會到我們這裡洗頭，問她爲什麼把小孩打得這麼『夭壽』？她好像也沒有什麼感覺耶，就只冷冷地說，小孩不乖本來就該打，但都不是她動手，據說都是她旁邊『那個人』（指同居人）下的手。她還茫茫然地輕聲說：有喔？有打得很嚴重喔？那我下次跟『那個人』講講看，叫他不要這樣，以後要打輕一點。」

聽歐巴桑這麼敘述，我覺得這媽媽也不太正常。歐巴桑說，她跟她同居人可能都是毒鬼啦！喔，你知道嗎？那個同居人眞的跟鬼差不多，就是一臉鬼樣啦（不曉得這哪門子形容詞）！然後又酗酒，每天午後搖搖晃晃走出家門，一身臭味，偶爾還有酒臭、菸臭，大家看了都怕！里長有接到里民投訴，但很奇怪喔，每次里長來關切，不是他們倆正好不在，不然就是警察經過時，表現得都很正常，對警察謙恭有禮，厝邊們都很納悶、摸不著頭緒哪。

「可能是邪魔製造出來的假象吧？」我喃喃自語亂猜。

歐巴桑搖搖頭，話匣子開了，就繼續「不停機」地講下去。好啦，你知道有時兩人可能吸毒吸到「茫」，或者沒錢又買不到毒品還是怎樣，腦袋不清楚，聽說就拿著酒瓶去猛敲小孩的頭出氣嗎（天哪！）？小孩被虐死之後，他們被警察帶走，好像現在都被關了吧？畢竟發生這件事已經有段時間。當時報紙跟電視新聞是有報導，可是鄉下人喔，對什麼記者啦，扛攝影機的啦，弄了個大陣仗前來採訪，其實是有些懼怕，老人家嚇都嚇壞了。大家後來都很有默契，不太願意提起這件事，最好時間快快過去，沖淡這份悲慘，不要再想起，忘了就好。

怎麼可能忘了呢？歐巴桑講到這裡，我這個堂堂大男人，兩行眼淚早就掉到下巴，一滴一滴止不住。她又說，奇怪耶，之後這幾年來，她每天都會聽到小孩悽慘哭叫聲，她聽了就怕，後來鼓起勇氣，問了其他街坊，還有同在這家店裡工作的洗頭小妹，大家全都說沒聽到小孩哭聲，於是她懷疑自己是不是得了幻聽的病啊，或者神經病呢？

我連忙解釋：「不不不，您很正常，應該是磁場相近。我也聽得到，可見得那小男孩的靈魂沒離開這裡。」

「這樣喔？」她顯然有些懊惱。「唉！那個時候我就有跟里長講，要請法師還是道長幫忙把小孩的靈魂收走，要不然辦場法會，免得這裡有晦氣；可是里長說，我們又不是什麼親族、家長，人家會說我們多管閒事，記者會寫我們迷信、心虛什麼的，難聽得要死……最後也就不了了之。」

怎麼辦？我也不曉得怎麼辦。不過，從小鎮趕往較大城市的客運末班車，即將抵達大馬路上的站牌，於是先向這位大概也有靈異體質的歐巴桑告別，趕緊離開。

當晚抵達臺北的家，已經是晚間十一點半以後了。妻子問我怎麼這麼晚才回來，出去晃晃好不好玩？本來想告訴她這件事，後來想想，還是先睡一覺再說吧。

可是我當晚輾轉難眠，腦海始終想著不久前「看」到的小男孩。「他」那種悽慘無助的斷續悲鳴，以及渾身傷痕的極度痛楚，令我相當不安。讓我感覺開始有睏意之時，天空已經泛起一陣粉白，鳥兒開始鳴叫，這才發現一夜根本無眠。

同時有另一件滿奇特的事。平時不常見面的通靈高人，早上就這麼湊巧，打電話來找我，想請我幫忙處理他的一些私人事務。聊著聊著，我乾脆把昨晚所見直接請教。

「嗯……」他在電話那頭沉吟，思考許久才出聲。「如果過了幾年都沒走，可見不太好處理。」

「是執念、怨念這類的嗎？」我問。高人回答都有可能，也許更多我們意料之外的狀況都有，但這種事不是我們說要怎麼處理就怎麼處理，沒那麼簡單。接著，我把大約位置告訴他，他說晚上再給我答覆。

當晚大約十一點多，高人表示已經看過了，他知道這個男孩不是因果問題導致這一世的悲慘結局，但母親與其同居人，卻全被邪魔所附，甚至有卡到陰、乃至遭魔入侵肉身現象。主要原因是他們在住處供奉幾座「很不乾淨」的雕像，以及他們倆有供養一些不曉得從哪裡迎來、不屬於正神的「神明」；加上倆人重度吸毒、酗酒成癮，已傷及靈體與魂魄，若真要處理，除了要老天爺准，還有很多我所不明瞭的問題，總之過程相當棘手。

「不能把這小孩渡到他該去的地方嗎？」我納悶。

「我說了，現在有兩個麻煩狀況要處理。首先是半路殺出『江湖高手』要來主持公道！」高人說。

高人所言的「江湖高手」就是「陰間人士」，「他們」怒氣醞釀幾年也差不多夠了，除了救「人」，更準備惡懲小男孩的母親與同居人；因此，高人需要先行瞭解、溝通，以免被誤會多管閒事。

我歪著臉，不解地說：「我不懂耶，他的媽媽跟同居人不是已經入監服刑了嗎？那就是懲罰，爲何這些『好兄弟』還要『嚴懲』？這哪招啊？眞的不懂。」

「陽間的懲罰是一回事，陰間懲罰又是另一回事。反正，你去的時間點還眞湊巧，這些『江湖高手』看到小男孩死後都幾年了，還在繼續受苦，正要幫忙出口氣哪！」

這種說法引發我的興趣。「那好啊！早該動手了，爲什麼拖這麼久？」

經由高人解釋，我才曉得，另一個麻煩狀況，就是房子裡邪神、邪魔「功力高強」，持續綁架這小男孩的靈魂，在他死後仍每天持續凌虐。但在法力強度所限之下，陰間這些「江湖高手」，沒辦法救出小男孩的靈魂，當然也無法嚴懲他的母親與同居人。

我的腦袋比較「機動性強」，直接聯想：「何不先惡整他媽和同居人，再回頭想辦法救小男孩？」

高人搖搖頭說，陰間部分法則並非我們陽世人類想得那般複雜，也較無變通性；「他們」就是要「先救人、再嚴懲」，依循「他們」的方式走。

這突然讓我有了聯想，「咦？那意思不就是說，這些『江湖高手』是想透過咱們幫忙，先處理難纏邪魔，然後再解救小男孩，以及……」我還沒講完，高人馬上說「對、對、對」。

「你會搭著客運去山裡閒晃，並不是毫無意義，其實我們早就被陰間盯上。」高人說：「然後，透過小男孩的靈魂呼救、美容院歐巴桑的說明，你就有動機想要解救，但你有感應卻沒辦法救，於是這時候就換我來了。」

「那你今天早上打電話給我，也是有特別意義嘍？」我覺得不可思議。「你幾百年才來一通電話，我接到還有些詫異咧！」

高人的口氣顯得不好意思。「我也不曉得私事爲什麼要找你。就一早靈光乍現，腦海閃過直覺想到要跟你聯絡，就如此單純。」

我敦促他趕快處理這件事，至少先把小男孩的靈魂救出。但他口氣上又變得有些遲疑。

「不是我不願意救，我說了，必須要請示老天爺，祂准，我才能救；我的功力不是不能，但違反天理指示，我是會被懲處的。」高人說。

於是，我們必須持續等候，要老天爺同意才行。這就像是寫簽呈一樣，等候長官批示核准；除了等，我腦海不時浮現那小男孩的哭叫聲及影像，每天煎熬著急，難受不已。

後來，我把這件事寫在臉書上。隨著越來越多朋友的關切與聲援，壓力慢慢變大，還有朋友邊哭邊打電話給我，要我務必把小男孩救出，這更讓我難以回答；有些朋友眞的「無理取鬧到可愛」，明明解釋很多事情不是我能作主，但還是像「倒地耍賴」般，不順其意就要哭鬧不休、口出惡言，我也只能一笑置之。

經過將近一個月等待，高人又在某個週末夜打電話告訴我，他終於獲得同意，可以處理這件事。不過他排算時辰之後，應該會從明天凌晨開始處理比較妥當，而且希望我在旁見證。

「凌晨？拜託喔！」我叫了出來。「你以堪輿命相爲業，時間上當然很彈性；不像我，我還要上班，而且是排班制，找個平常休假日還可以，不可能隨隨便便找個深夜，搞到整晚都不能睡，這樣第二天根本就甭上班啦！」

高人嘿嘿嘿地告訴我，他都查過了，本人明天乃休假日（好傢伙！他是去哪查的？）；說要我見證，也是從旁協助他，畢竟一個人法力再高，也需要助手。高人自己有收徒，但他說，這些徒弟還不成氣候，上陣對戰，只會被打得遍體鱗傷、哭著回家找媽媽，還是找個可以相信的人。我回答，我又沒有領旨，等於沒有「執照」，怎能出手幫忙？後來才知道，高人只是要我去「見識」一下「大鬥法」的場面有多浩大，而且「處理」的地點也不會在那棟屋子旁邊，因爲半夜會吵到街坊就寢，所以改在房屋後頭緊鄰河堤旁的空地上「大鬥法」。

當晚我十一點鐘抵達時，這才發現高人先前說的那幾個「不成氣候」的徒弟，其實都很優秀，老早準備好法事要用的器物。成堆紙錢已經開始燒化，說是給河邊孤魂野鬼的「見面禮」，拜託在正式開始「大鬥法」時別打擾，一旁靜靜看就好。那些徒弟們也很客氣，要我不用幫忙，有事只要高人吩咐即可，他們都會「傳便便」（準備妥當）。

好久沒看到高人穿起道袍。他這回出場，四周馬上颳起一陣陣強風，就像每次「賭神」周潤發出場時那樣虎虎生風，挺有「架勢」及「派頭」，我都忍不住要鼓掌爲他叫好。但他警告我別亂來，因爲這陣怪風，是對方那群妖魔鬼怪的下馬威。對方實力超強不在話下，他到底能不能打贏這場仗，順便收妖，都還不見得百分之百有把握，叫我靜靜看就好。

接下來整個「大鬥法」處理過程，我不能詳述細節，但眞的非常艱苦，就看著高人獨自面對千軍萬馬的妖群魔陣，宛如刀光劍影般殺過來殺過去，場景之激烈極其可怕，比什麼當下最夯手遊、電競遊戲還更誇張！如果你看過周星馳電影《功夫》，那個在空氣中不斷飛來射去的武器、邪魔幻影，看似荒謬，但在部分通靈人眼中，那是再正常不過的對抗場景，危險性當然很高，彷彿「槍林彈雨」般，相當密集，稍有不慎，恐怕就會傷到高人的法力，後果不堪設想。

有意思的是，陰間「江湖高手」也在另一邊靜觀等待。以功力與規矩來說，當然沒辦法跟超級邪魔相比，但「他們」想要爲小男孩討公道的那股熱切執著之心，毋須置疑。

這讓我想起多年前，看過某位死刑犯被押回老家，在老父靈堂前磕頭鞠躬後，又被押回監獄大牢的往事。一邊是獄方與警方人員，大陣仗押著背負十七條人命的死刑犯回他老家；另一頭則是被害者靈魂，與前來幫忙討公道的「陰間人士」靜靜地看著這一切。上手銬腳鐐的死刑犯，在剛往生的父親靈前磕頭、上香後，突然間，靈魂與「陰間人士」一擁而上，團團包圍在他周邊，只見這位原本面露凶相、身形壯碩的死刑犯，立即倒臥不起、口吐白沫，手揪住心臟部位痛苦地打滾、吶喊，驚動獄方及員警趕緊叫救護車；只是還來不及送醫，這個惡貫滿盈的傢伙，就痛苦驟逝於老家庭院前，然後這群靈魂與「陰間人士」又馬上一哄而散、消逝無蹤。我看顯然是報復完畢。不過現場另有「看得見」的耆老說，不只是這樣而已喔，這群「人」已經順便接走死刑犯的靈魂，痛扁一頓後押往陰間，交接給地獄「相關單位」發落。

好，回到河堤這一邊。在高人與邪魔鬥法同時，這些「江湖高手」們，不管是來加油或關切的，已經把整個河道、河畔、河堤擠得滿滿滿，我這輩子還頭一回看到。姑且不論「另一個世界」勢力有多厲害，光就數量來講，簡直是以「人」海戰術取勝，超級壯觀哪！

經過三小時四十多分鐘纏鬥，高人終於收服窩藏在屋內的一干邪魔、降頭、小鬼、陰妖之物，但滿身大汗，渾身濕透，累到臉色慘白，需要徒弟們攙扶才能走動，可見有多辛苦。我問他還好嗎？他終於露出輕鬆微笑，表示一切搞定，幸而未傷及功力；接下來，則要跟「好兄弟」們溝通，希望「他們」帶走小男孩的靈魂後，若要修理他的媽媽和同居人，記得不要殃及小男孩，以及監獄中的其他無辜者。

我之前說過，一般大眾稱爲「鬼」的這群「江湖高手」，眞的沒什麼心眼，有些（不是全部）就是看不慣陽世間狗屁倒灶的人爲惡行，性格很直，就是要懲戒那群惡徒壞蛋；

冥界神明也是如此，遇有在陽世間受冤屈之人前來申冤，祂也會視情況，有時會藉由這群「好兄弟」來提供協助。所以我要再次宣傳，在很多時候，鬼比人們要可愛、耿直多了，更重要的是守信用、不說謊。就算跟你訂下四、五十年後才承諾兌現，你根本不用擔心會不會被騙，絕對說到做到。

經由溝通，「江湖高手」們同意高人請求，除了很快地帶出困在屋內的小男孩靈魂，讓他不再每天遭受苦痛；這群講義氣的陰間勢力，很快地就會撲往監獄。高人說，小男孩的媽媽與同居人不會馬上死掉，但接下來必然會「生不如死」。

我們坐在河邊等著天亮，他一講到「生不如死」，我聊天的癮頭又犯了，追問到底怎麼個「生不如死」法？

「我見過有些『好兄弟』，『他們』飄到監獄裡去，對因爲犯口舌把人害死的傢伙，就拿著榔頭往目標人物的嘴猛砍，當下沒感覺，過了一週，這人的嘴巴莫名其妙就破了，越破越大洞，痛不可當，痛到沒辦法吃東西，牙齒也逐一掉光，搞得整個人唉唉叫不停，天天巨痛，痛到往生那天爲止，毫無活著的勇氣。還有個傢伙是詐騙集團首腦，誘拐人家將棺材本拿去投資卻虧空了，最後害上百名退休人士血本無歸；有一對受害的老夫妻，據說還是大學教授退休，更因此羞憤自殺，死後跑到城隍老爺那裡告狀。後來這傢伙判了幾年徒刑進監獄，很快又放出來，讓『好兄弟』們看不過去，就在他出獄當晚跟酒肉朋友大吃『接風宴』當下，突然令他昏倒，經送醫急救、檢查後，這才發現腦裡長出一塊大瘤，而且還包覆主要血管、形狀怪異，醫生說要手術，一看片子嚇得半死，因爲從來沒見過這種『畸形』的瘤，而且半天就『長大』一圈，越來越大，越來越大，長得特別快速，未免也太詭異了吧？結果束手無策，這傢伙每天痛得嘰嘰叫、打滾，痛了大概三個多月吧，最後還是一命嗚呼。」高人邊抽菸邊把過去個案跟我詳述一番。

陰間朋友離去前，再次告知，絕對會引導小男孩的靈魂到「他」該去的地方、交接給該報到的「單位」。至於鎖定嚴懲的兩人，只要小男孩之前受了什麼痛苦，這兩個就會同等待遇，一個也少不了，請我們放心。

事情圓滿，我們也很開心，大隊人馬洗地整理、收拾完畢，開著貨車先到小鎮攤子，吃著清晨五點多最新鮮的燒餅油條，就像加足了油，渾身暖意，然後再迎著晨曦與冷風，一路開回家去，畢竟大家折騰一整夜，沒能好好睡覺，也都頗有倦意。

這件事在臉書上宣布後，大家都很高興，不過更高興的是大約過了幾個月，小男孩的靈魂又再度出現。這回不是悲慘號哭，而是對著我微笑，向我和高人致謝並道別，因爲「他」眞的要「上路」了，要往該去的地方「報到」。至於是到哪裡，這不重要，只要一切都解決、都平靜，我們也就心安了。

「人在做，天在看」，連「鬼也在看」

有個一心嚮往電視幕前演出的女孩，被歹徒盯上，將其騙往飯店，假借製作人要試鏡，卻被強行灌酒與餵毒，爾後連遭數個壯漢輪流性侵，原本把她丟包擱在路邊、下身還未著衣褲！後來幾個涉案嫌犯擔心可能被沿途路口監視器拍下身影，乾脆滅證，又將尚未酒醒的她打成重傷，再強行悶死，把她以裸屍形態載往山區，於荒郊野外的樹叢裡挖洞掩埋。他們心想，這款窘樣就算到了陰間，沒穿衣褲的女孩靈魂大概也不敢露面，於是覺得高枕無憂。

女孩的靈魂無法前往該去之地，又因裸身，果然就算有冤屈，也只能躲躲藏藏，痛苦不堪；被郊外冥界的神明與「好兄弟」發現後，引發強烈憤慨，神明願意主持公道，「好兄弟」也勇於協助，於是指示先讓其遺體被人發現，再一步步指引陽間「緝凶」。

嫌犯相當狡詐，將女孩遺體掩埋棄置山林深處，相當隱蔽，根本難找，但有個當地老菇農爲了尋找較好的培養木料，說也奇怪，某天早上一時興起，朝向平常不會去的方向，徒步上山邊走邊找，就在一條山澗溪流旁，意外發現日前大雨後被沖刷出來的小型土石流，竟有一隻女性手臂及手指露出黃泥水之外！老菇農大驚失色，連滾帶爬還害怕到摔倒數回，跌跌撞撞跑下山報警，案情才就此曝光。

然而，由於女孩失蹤前是在城市中獨居，交友不甚廣闊，也並未和友人交代行蹤，警方無法從遺物中找到明顯的蛛絲馬跡，包括像記事簿、手機等等這類可能物品，全都不在掩埋現場，一度讓案情陷入膠著。

但「好兄弟」鍥而不捨，鎖定涉嫌性侵與埋屍的其中兩名主嫌，「引導」他們到某派出所旁小吃店飲酒作樂，剛好一旁坐的是錯過吃飯時間的員警正在用餐，店內電視恰巧播出該案新聞，喝得有些「茫」的兩名主嫌，開始醉言醉語地指著電視囂張大喊，引發那位員警提高警覺，再從他們對話中發現不太對勁，終於敲開破案大門。

不過，雖然後來警方因此鎖定並掌握涉嫌對象，但狡猾的歹徒集團總有辦法逃脫及毀跡。某些陰間勢力儘管無法直接與陽間對話，還是極力讓某些跡證逐一顯現，讓員警偵辦到某個階段之後，開始相信「這是天意」（應該是「冥意」）而非巧合，終於逮捕所有涉案嫌犯，慢慢拼湊起整個案發經過；只是由於某些關鍵證據被毀，加上部分嫌犯矢口否認，仍有缺憾而無法完全突破。

幸好受害女孩的冤魂，透過陰間力量顯現，在最關鍵的時刻，嚇壞了這群嫌犯。幾個主謀似乎被莫名其妙的不明外力「狠揍」一頓，卻沒有任何傷痕，連警方看到都納悶「怎麼全腫成豬頭」而感到驚奇，不禁「噗嗤」笑了出來。後來準備將嫌犯押往另一個地點時，員警忽然發現，每個傢伙怎麼步伐蹣跚、好像舉足困難，低頭一看，所有嫌犯的胯下也都「腫」了起來！其中有個嫌犯痛苦地表示「蛋蛋」好像「被火燒」，其他共謀者也紛紛皺眉、彎腰遮著下體，變成「O字腿」走路；之後一干人犯竟然倒地哀號，驚動警方趕緊叫救護單位，然而救護員趕來，這些傢伙卻又完全正常，原本腫得快近似棒球大的「蛋蛋」全都消了，只是當救護人員前腳離開，這些人再度開始痛得嘰嘰叫。

折騰個兩三次，救護員來來回回都覺得煩了。經驗老到的刑警，明白這其中「奧妙」，其中有個會通靈的，對著四周喊話：「請先別惡整他們好嗎？我們會努力幫『妳』洗刷冤屈，但先讓我們把程序走完；如果真的要報復，等到這些傢伙關進大牢，再交給『妳』處置，可以嗎？」

說也奇怪，在場所有人都聽到有個女聲回答「好……」，但不知是從哪來的。剛才所有怪事立即消失，所有人覺得詭異之餘，也鬆了口氣。不過當嫌犯一字排開準備押送「展示」時，臉部及下體又開始腫了！就當著所有媒體正在SNG直播時，這些傢伙突然臉像吹氣球一樣，原本戴好的安全帽被擠壓得毫無空隙，遮嘴的口罩幾乎被撐斷！而且胯下「蛋蛋」腫得更大、更誇張，嫌犯們醜態畢露，走路比螃蟹橫行還滑稽，電視機前觀眾不解：「哪有人這樣走路的？這什麼表情啊？」知道內情的警方人員則是悶笑不已，也理解這不見得是受害女子所爲，而是「另一個世界」來幫忙出口氣。

爲什麼？因爲女子在之前警方向她喊話時，已經確認停止這種惡整無誤。不過，刑警針對的是受害女子，可沒拜託陰間的人「別鬧了」喔！

據一些相關人員事後透露，這幾個傢伙認罪被羈押後，不斷地發生頭部及下體腫脹怪事，被整得天天精疲力竭。看守所裡頭有位具特殊體質的管理員說，自從這幾個人「進來」後，也「帶進很多」不明身分的鬼魂陪伴在旁——只要頭部與下體腫脹時，這些鬼魂就會在旁大笑，「聲音」大到恐怖至極，可是當醫護人員一到，「他們」就會暫時離開；總之就是反反覆覆，把這些傢伙搞到快瘋了。

許多人對於這亂世是否有現世報，總持悲觀態度，認爲壞人作歹，好人只能任憑宰割。或許我們可以換個角度看，冥界陰間說不定在這個最壞的時代擔任現世報的「執行者」。至少看過不少案例後，我覺得在平定世界的亂象中，有很大的可能性，冥界陰間是扮演安定、報仇、撫平等等角色。

陰間勢力不見得都能完全憑自身力量幫忙討公道，或者直接幫忙特定對象；有時由於時空環境相隔限制，「他們」不能親自處理，只好請陽間特定人士協助完成。

許多朋友以爲我具有「天賦異稟」，可以幫忙「辦事」，其實我沒有領旨，也不能收魔收妖；某些「無形」朋友也同樣誤解，有段時間把我看成可以協助代勞的對象（我是很納悶爲何情報有誤？至今仍未解），結果耳朵一天到晚就響起拜託這個、拜託那個的一堆訊息，讓我吃不消。

我曾經遇過靈魂跑來找我，協尋在世親人幫「他」安葬；也有無頭懸案叫我去報警，順便提供線索；還有要我協助惡懲歹徒，更不乏令人瞠目結舌的怪事要我解決……等等。如果你覺得這很唬爛，我也沒辦法證明讓你相信，只是這麼多跑來求助的靈魂，我也只能回頭拜託：俺就這麼一個人，一個平凡的業餘通靈人，不是專職靈媒，既沒拿到辦事令旗，又無法領旨開壇做法事，在我能力可及範圍，能幫當然幫，若是牽涉法術或靈學之事，也只能私下轉告給有資格「辦事」的人，等於是「轉介」方式，由對方判斷可不可以幫、怎麼幫。

我呢，絕大多數的事都不會、也不能做，拜託別一直找我。

陰間這些朋友，比咱們陽間許多不講理的人，要高尚得太多了。「他們」爽快答應，也願意體恤辛勞，盡量不造成我困擾，如果委託之事超出我能協助範圍，則改覓其他陽間靈媒代勞；尤其是當知道我每回接觸無形，因爲磁場之故，常常不是頭暈目眩，就是拉肚子拉到虛脫，就特別注意到這個問題，也會適時給予「回饋」。有時候家裡突然多出不明古錢一枚，或者出現原本不屬於家中、也不曉得打哪來的小器物及裝飾品，把我嚇一跳。

說了這些有關陰間力量幫忙討公道的事，我要很嚴謹地提醒咱們陽世的人，不管你有權有勢、可能是手握千軍萬馬的知名人物，或者像我這款名不見經傳的市井小民，皆請時時對自身行爲、舉止、作風、品格自肅自省。不要以爲做了些說謊成性、貪贓枉法、因循苟且、泯滅人倫等種種大小惡事行徑，覺得毫不在意且無所謂，甚至還抱持「撈一票快走、一輩子榮華富貴享不盡」的貪念，這些都會在你的人生下半場造成無止境的災難，甚而禍延子孫！

原因就不多解釋，畢竟現在是**現世報**的時代，無論早報或晚報，反正遲早都會報。

或許陽間律法是人所訂，總有疏漏，有可能無法制裁到你，但還有神明及冥界陰間，都會做好補位把關工作，千萬不要心存僥倖。特別是陰間勢力，「他們」既身負神明指示行事，也可能自身看不下去而出手，爲弱者討公道，也讓欺壓者獲得該有懲罰。當然，很多宗教皆有明示，大概好多人看都看到厭煩，覺得老套；不過，如果你還有興趣的話，最後再舉個例子讓你大呼過癮。

好些年前，某機構有個高官，向來心存不良、貪婪無限，習慣到處沾染「好處」，不管標案行政，還是工程發包，他都想分杯羹、撈些油水，且好色成性，對異性能「揩油」就揩；屬下與承包廠商老早看他不順眼，敬而遠之，或想辦法糾舉，掀開黑幕。無奈這傢伙甚懂法律，警覺性高，很懂得保護自己，熟諳逢迎諂媚，後臺很硬，只要苗頭不對，或者工程品質出包，每每都有辦法撇責抽身；更可惡的是經常陷害下屬，逼迫代爲受過，錯誤與他全然無關。有個小課員因爲不願幫高官的違法作業背書擔責，竟然被暗中羅織莫須有罪名，最後遭趕離鐵飯碗工作，還被貼上污衊標籤，令他名譽掃地，悲憤莫名，一時想不開，最後燒炭自盡！那位高官還以「天人同悲」姿態，假惺惺地前往靈堂捻香祭拜，更悲情擦拭眼淚、手帕掩面，叮嚀下屬務必全力協助辦理後事，不知情旁人還感動不已，覺得這眞是個有情有義的好長官咧！

小課員成了遊靈，沒去該去的地方「報到」，反而四處尋求協助，像擊鼓申冤一般，引發「好兄弟」們注意。經過詢問與查證，立刻引發憤慨，也逐漸醞釀幫忙討公道的力量；這件事跟我有些關聯，因爲「好兄弟」要我去警告對方，他馬上要大難臨頭了。

依我的角色，不方便直接轉達。但說也奇怪，雖與這位高官素昧平生，也不曉得上哪找這個人，但他居然有個機會到我當時任職的單位洽公；更巧的是就在當天，前一篇所提到的那位高人朋友，也到我辦公室等我收拾包包，相約下班一同去吃飯敘舊。高官的新任隨行助理又剛好與我熟識，在電梯裡看到我好高興，順便打聲招呼、寒暄幾句。四個人在電梯裡，我看這權貴一臉腦滿腸肥，想必油水豐厚，但沒證據也不能多說什麼；倒是助理向高官介紹我，說「這個人會通靈」，除了電視臺工作，還在大學教書，引發他的興趣。

「喔？」這高官用大大的鼻孔對著我，鼻毛還外露。老實說，我很想從包包裡拿出隨身攜帶的兩根環保筷，狠狠往他那兩個鼻孔給戳下去！但這樣會髒了筷子，只好作罷。接著，他斜眼瞄我，緩緩開口：「那麼……這位老師，你能看得出來，我最近有沒有什麼要注意的啊？」

高人在旁搶著答話：「有！要注意喔，您面臨『犯水關』，**府上即將淹大水！當心溺水啊！**」

他一聽，眼睛瞪得好大，「什麼？你是指我現在住的地方？」

高人朋友用力點頭，還故意拉著我手臂，硬說我是他「師父」，唬爛直誇這位「張師父」法力更高強，師父教了他很多，絕對不會錯。我聽了一臉錯愕，望著這位高人朋友滿是問號，他沒看我，只是微笑。

高官聽了哈哈大笑，「你跟你那個『師父』，算哪門子通靈法術啊？拜託！我家住十六樓耶，頂樓耶！頂樓喔，夠高了吧？要是我家淹水了，那臺北市豈不全都淹死人啦！哈哈！一派胡言，滿口鬼話，就算騙人也要有點腦袋、有點常識好嗎？還聽說你那個師父還在大學教書咧！誤人子弟嘛！」

高管的隨行助理尷尬地望著我，我半天吐不出一個字，倒是高人朋友再回應：

「我這位張師父教我的，絕對不會錯！這是忠告，請您注意，小心府上淹水，而且一旦淹水，後頭麻煩事還更多。」

高官一臉鄙夷，「哼」的一聲，狠狠地轉過頭去，完全不屑一顧。當電梯門一開，他毫不客氣地大步走出去，把我們遠遠甩在後頭，他助理則是轉身向我們點頭致意，趕緊跟隨著高官離開。

之後我質問高人朋友：「幹嘛說我是你師父啊！你這樣害我被人家『虧』耶！超丟臉的。開玩笑也要有個限度……」

高人一派輕鬆，「我知道那邊（冥界）有要你傳話，但你不方便講，所以我幫你講，反正你等著看，那傢伙今晚就會出事啦！」

果不其然。那位助理後來告訴我，當天夜裡，高官家樓頂的大型塑鋼水塔，可能年代久遠，加上當時天氣忽冷忽熱，突然爆裂開來！大量的水從頂樓陽臺沒上鎖的門口，一路滲入再往下流去，樓梯口與他家又剛好呈現ㄇ字型，水就這樣力道十足地導入他家，首當其衝，一舉衝破他家大門，整層樓狼狽不堪，他洽公完畢又去應酬，深夜回家一看，簡直傻眼到爆！

他呢，早與妻子感情不睦，分居兩地，孩子也沒住在一起，就一個人住在這棟第十六樓頂樓獨戶大房，偶爾還帶女人回家「春風不知幾百度」，氣派得很，當然不可能自己收拾殘局。之後爲了省錢，他竟然拗自己部門內一班下屬，包括倒楣的助理，命令他們下班後到他家協助掃除，還只給個便當錢，算是有照顧到，可謂「仁至義盡」，但也夠不要臉了吧？

每個人礙於權勢、想保住飯碗，總不好多說什麼，只好忍住火氣；下了班已經夠累，還得去幫長官收拾打掃，才領到個便當錢，你說，這還有天理嗎？

然而，妙就妙在這裡。在這官員的房子裡邊，藏了許多見不得人的祕密，包括文件、現金、貴重物品等等；雖然這個人本身行事縝密，但他以爲這些下屬都是「自己人」，必然忠心耿耿，就算進來家裡整理物件，應該不會有事。豈知裡頭就有兩個下屬，高度不滿被拗來當免費清潔工，暗暗發現許多「寶藏」，也看到令人瞠目結舌的影像、文件，都是他多年來留下最臭不可聞的「黑暗事蹟」！這兩個下屬一氣之下，趁機蒐集，再祕密檢舉，就這樣讓他被調查單位約談，進而一件件弊案全都爆發開來！他再怎樣矢口否認，證據確鑿，喊冤也沒用；如今關入大牢，聽說還被同房獄友狠狠「教訓」，招術還挺「不堪入目」的，令他生不如死，聽聞者卻大快人心。

這件事，在那次與高官短暫的電梯相遇後，我早就拋到腦後全忘了，要不是後來陰間「好兄弟」前來致謝，還有其助理不經意提及，我壓根兒不曉得這後頭精采過程，聽完內心隱隱覺得暢快、滿療癒的！哈哈。

講了這麼多，只是要告訴你，經由多次體驗與目睹，看盡陰間勢力如何幫受冤屈者討回公道。你不必懷疑「他們是否有誤會或找錯人」的問題，因爲神明有「功過簿」記載人在陽世間種種作爲，明明白白；陰間也有一套自己的「資料系統」，清清楚楚，就跟警方辦案一樣勿枉勿縱。以前年輕時會覺得「偶爾做些小奸小惡」無傷大雅，大家也差不多這樣嘛！但看過這麼多實例，現在的我會更加謹慎，不敢恣意妄爲，凡事都更小心了；除了盡力別犯凡間律法及忌諱，也別惹到神鬼，連站在街口短短的斑馬線，都確實等到綠燈了才通行。

或許你覺得「這樣人生太規矩了，沒啥樂趣」，不過我眞的徹底感受到，「現世報」正在逐一兌現，或許神明還不必出手，陰間早就看不下去而徹底懲治！既然如此，還是循規蹈矩比較妥當，至少別傷害他人，應該就算是基本信條了。

極少數朋友老貼我「傳教」標籤，其實並不正確。因爲我並不隸屬於任何宗教，我只是就我的所見所聞，提出來請大家注意、戒慎、三思；或許部分內容，跟某些宗教教義有些關聯，但這或許就是冥冥當中的連結所提出的警示。我不倡導迷信，但身處亂世中，必要的修持、高度的警覺、徹底的自省，還是我們所必須具備的不二法門。

還有，不只是「人在做，天在看」，連「鬼也在看」，因此，任何行事皆請謹慎，絕對不會錯。

從青木原樹海到都市自殺傳說

寫在這篇前頭，我要先聲明，絕對沒有鼓吹自殺的想法，也不針對特定區域或觀光景點予以「唱衰」或醜化，純粹就業餘通靈觀點來看周遭環境與感應結果。或許有人看過這篇會不太舒服，大好的觀光景點就不敢去了，其實不需自我驚嚇；因爲你的日常生活、上下班、外出旅遊或做任何事，本來就會有一定風險，然而只要你循著規矩，不做脫序行爲，大致上都安全。能具備這樣的概念，就不用疑神疑鬼，安心放膽地往下看。

很多人都聽過「青木原樹海」這個地點，就算我不多做介紹，自行上網查，你就會發現它名氣超大，說是「舉世聞名」並不誇張。其有名不僅是因爲位於日本富士山鄰近山麓，擁有豐富自然景觀及生態資源，更重要的是，這裡還是日本知名的「自殺勝地」！若你好奇想上網搜尋，我提醒你，最好三思而行，否則可能會發現裡頭夾雜一堆令人毛骨悚然的自殺現場照片，絕對會把我罵個臭頭，說我簡直無良兼夭壽。

近距離看著日本富士山，感覺很美，但山麓樹海不斷散播著奇特「電波」，卻讓我這個業餘通靈人，有著難以言喻的複雜感受。（作者拍攝）

這類自殺風潮興起，有人將責任歸咎於一九六〇年代日本推理小說作家松本清張的作品《波之塔》，以及相關影視作品的推波助瀾，並且相當不滿原本單純美麗的自然景觀，竟被搞到鬼影幢幢！但網路上也有人認爲，這裡範圍廣闊，樹叢茂密，地質土壤屬熔岩冷卻後甚具磁性的玄武岩，因此在這裡使用指南針作用不大，GPS收訊不易，再加上磁礦干擾飛航，傳說民航機不能飛經該地，更增添神祕色彩，很容易吸引爲愛所苦的人，及失業者、繭居族……這類尋死客，前來「完結心願」；總之，此地自有其「優勢」條件，所以若要松本清張一肩扛下責任，似乎也不盡公平。

這些年來，前往「青木原樹海」自殺的人數很難估計，當然這還沒包括登山不慎迷路、好奇卻受困，或受傷致死的冤魂客。即使在地山梨縣警方，每年定期與志工一同前往「淨山」——說穿了就是去收屍啦——也無法精準算出到底有多少人遺憾地死在這片美麗的大自然樹叢裡。據說連進入樹海搜索失蹤者的人員，都需要在腰際綁上繩索，再一個接一個行動，若是迷失在這種四周不辨方位的「鬼地方」，最後連自己都成了死亡人數之一，被江湖人士看笑話，豈不很糗？但可以確定的是，很多不想活的人，將這裡當成生命終點的首選，也讓日本警方和相關社會工作團體，不斷在樹海入口及顯眼處，豎立「想想自己，想想親人」之類告示牌，力勸有自殺念頭的人打消死意，人生還是有希望的。只是效果有限。

在網路上看過幾位具有通靈本領的網友，他們分享親身前往當地體驗的過程，歸納後大致上認爲「西湖」西南方「富岳風穴」與「鳴澤冰穴」中間的樹海遊步道——大約是八百公尺左右吧——這段路某側後方樹林內，再往後數百公尺以上區域，所感應到的不正

這是範圍極廣「青木原樹海」步道中的小小一角。盤根錯節的樹叢，常見根部從自然小徑裡突出來，並不好走，一不留神就會被纏到、絆倒，甚至受傷。有人認為是此地自殺亡靈所布的局，用意在於「扯後腿」，其實不過就是自然現象，倒是毋須自我驚嚇，只能怪自己「不看路」！（作者拍攝）

常靈動與干擾最爲明顯，推斷自殺靈魂特別多（這是網友推斷區域，並非我實際感受）；且要特別當心若有岔路小徑入口，被警方設置「禁止進入」的封鎖線，那應該就是「熱區」入口了！另外，如果不按標示走，偏要闖入不知名的陌生小徑，若沿途發現成人衣褲、雨衣、繩索、鞋襪或錢幣，千萬千萬別碰！這些通靈朋友認爲，很有可能就是死者留下的最後身家財物，或許是警方「淨山」當下，暫時擱置在步道旁卻忘了帶走（是喔？有這麼粗心的「波麗士大人」嗎？我不太相信），一旦碰觸而被靈魂纏上了會很麻煩。

話說我這種人具有「好奇心會殺死一隻貓」的性格，就算這種「鬼地方」對於通靈人而言，比起一般人更絕對具有一定程度的危險性，但在新聞媒體工作久了，職業病一犯，就是很想追根究底，探探這個地方爲何凝聚如此強大的自殺意念？而且讓很多人就此終結生命？

民國一〇八年元月初，我和妻子同赴日本河口湖及富士山區域一遊，順便想瞭解「青木原樹海」當地奇特的靈異環境。我們一早在河口湖，買了可利用紅、綠、藍三線公車的周遊券套票，兩天內自由搭乘。首先搭紅線公車出發，飽覽湖面風光與富士山美景（總要先來段「正常旅程」吧？），近中午再轉搭前往西湖的綠線公車。精采的來了。我們特別選擇與「風穴」、「冰穴」尚有一段距離的「西湖野鳥森林公園」步道做爲探險起點，慢慢地徒步接近，心想如有感應到即將面對特殊狀況時，至少還可趕緊回頭逃命，不會「貼得太緊」。

然而才剛進入步道區，就已經感受到不太對勁，開始覺得不舒服。

通靈網友所說的「樹海自殺熱區」，就我當時感應，實際上範圍還要擴大不知多少倍！換句話說，選擇在這裡自殺的人，並非全集中於某個「點」，反而是在這麼大的區域裡，哪裡都有可能。此外，當越走越深入，很有機會隨時遇到「不該看的」，或者嗅到「不該聞的」，甚至觸摸到「不該碰的」，遠遠超過警方所公布的推估數字。我們算是幸運，當天並未親眼目睹悲劇，只是當我耳朵旁開始響起「嗡嗡嗡嗡」的警告聲時，那就表示可能有靈體正逐漸靠近，要我們別再往前，否則後果自負了。

另外我還看見空氣中，似有淡黃偏白的光點飄落飛舞，很難確定是否為雪花，這也是此行中，唯一看到較為不尋常的物體。至於其他像是什麼魂魄啦，阿飄啦，白衣紅衣小女孩之類什麼的，倒是沒親眼瞧見，鬆了一口氣。你別以為通靈人「愛看」這類玩意兒，我告訴你，就算是個業餘通靈人，照樣也會怕，能不看見就別看見，心裡會好過些——我膽子其實沒這麼大。

然而，這是「地縛靈」在示警嗎？當下我沒辦法百分之百確定。聽日籍友人描述，在日本某些地方，傳說死於非命的人，其鬼魂徘徊不去，無法離開當時發生意外的地點，常被統稱為「地縛靈」；某些這類靈魂怨念很深，甚至見到旅人幸福美滿，或獨行無防備時，即產生報復之心，最好保持距離以策安全，因此我們只是在步道行走數百公尺後，就停止不再前進。另一個考量點，是由於步道保持自然樣態，且常有粗大樹木根部突起，在步道上盤根錯節，因此路面其實崎嶇不平，若不留意極可能被絆倒，或者摔跤受傷，萬一在冬天又遇下雪或結冰結霜，行走難度更高。我們雖然都購買旅行平安險，但總不能爲了「撈本」而傷害自己吧？保命還是比較要緊。

隨著耳邊「嗡嗡嗡嗡」警告聲響越來越大，這種部分通靈人特有的「耳鳴功能」，像是一股強大阻力，讓我們只好打消前進念頭，折返野鳥森林公園，等待半小時一班的綠線循環公車，回到原始起點河口湖站。

不過，我們搭的綠線公車，折返時將會通過樹海「風穴」與「冰穴」之間的道路，等於所行經道路的兩邊樹林裡，皆可能全是某些通靈人士口中的「熱區」；如果我們不下車，僅待在車上持續行進，應該感應不到什麼吧？

錯了。當車子慢慢開在道路上，再深入濃密樹海後，不見得須身處「熱區」，即能逐漸感受到磁場變異更加強烈，聲音從「嗡嗡嗡嗡」開始轉變爲類似夜市「人聲鼎沸」的情境，按照以往經驗，這應該是靈魂製造的聲響。我問妻子是否聽到什麼不尋常聲音？她不

在周遊路線巴士裡，當通過某些靈動感應比較強的區域，一般人不會有任何感覺，但對於能夠通靈者來說，可能接收到的訊息會「很精采」，即使大白天，耳朵所聽到的「聲音」和臺灣熱鬧夜市比較起來，幾乎毫不遜色呢！（作者拍攝）

解地搖搖頭，表示一切寧靜，僅有鳥兒清脆高歌，感受上非常舒適，還警告我別嚇她，這才讓我回過神來，畢竟她是「一般人」，沒有感應能力。

憶及前次有類似感覺，是在某條重機騎士甚愛的知名「尬車天堂」山路。當時妹婿開著車載著兩家人，在鳥瞰平原風景後北返，當爬坡通過山麓某處、兩旁有茂密樹林時，我耳朵立即接收到宛如千人聊天的「聲浪」，眞的「吵」到我捂住耳朵，仍然無法阻擋那股怪異的音波震動；詢問其他家人，每個人都搖搖頭，直說完全沒聽到有什麼怪聲，頂多就是山上風大，那時又接近傍晚，風勢比較強，頂多「咻咻咻」風聲透進來而已，很舒服，而且根本沒人聊天。

另一個友人說自己也有類似經驗，那是他年輕時騎著機車，載著女友前往新北某處山區夜遊兜風。半夜兩點多，竟然讓他聽到滿山迴盪著軍人穿軍靴「控控控」的沉重腳步聲，還有「一二一二」的答數聲，以及唱國歌的雄壯歌聲！問題是聲音還不知從何而來，嚇得他冷汗直冒！女友的「接收頻率」不同，當然什麼都沒聽到，還很享受四周一片寧靜，頂多聽到蟲蛙合鳴，非常大自然呀！但見他臉色大變，還趕緊說要回家，令她大笑譏諷他是個膽小鬼，最後只好草草收場，敗興而歸。不過他連機車都騎得歪歪斜斜，女友還以爲逗著她玩，直到回到家看他臉色蒼白、渾身抖得不像話，魂不守舍，這才驚覺可不是在開玩笑。

扯遠了，回到日本河口湖這邊。在綠線公車上，我意外聽到車外環境中，像是錄音帶倒轉人聲的詭異聲響，不過令我訝異的是，在仔細聆聽之後，竟然可以聽出不知從何而來的靈體在與我「對話」，而且是很多「人」（應該說是很多「靈」）在告訴我事情！

在這個當頭，突然有一股想嘔吐的意念（不是暈車）。但爲了不嚇著妻子，仍然死命地把陣陣酸味從喉頭硬吞下去，並不動聲色且冷靜地試著想理解那些聲音到底代表什麼意義；但這一聽，我反而從生理上的不舒服，轉變成內心悲傷，怎麼回事？因爲，我聽到許多自殺者的心靈呼聲！而且從這一刻開始，把我原本堅持對自殺者抱持自私、無可諒解的批判態度，開始轉爲反思、理解和憐憫。

看到這裡，或許有些讀友會嘲諷：「搭車還能碰到鬼來聊天？這簡直唬爛嘛！」我很無奈，畢竟沒辦法證明，僅能就當時所感應到的狀況作一陳述，信不信在你，無法強求任何人非信不可；另外，可能也有人質疑：「那些鬼講的都是日語嗎？聽得懂嗎？」我只能回答你：溝通互動和語言無關，而是靠感應爲主；絕大多數死者是日本人沒錯，但這裡頭也有少數韓國人、中國大陸民眾，連臺灣、香港來的都有！少部分則是東南亞民眾、逾期居留的逃跑移工，以及幾個至今在官方紀錄中仍行方不明、還未被找到的西方國家觀光客——看來這些觀光客應該是探險遇難，或碰上不明理由，因爲從靈動感應得知，「他們」所透露出來的訊息，並沒有「想死」念頭，純屬意外或「被迷惑」所造成。

「被迷惑」？你大概覺得一頭霧水，來做個解釋吧。在這個樹海中的死者，大部分當然是死意堅決（也有少數到最後一刻求援或反悔，但無效），另一種死者則是被怪異磁場的「電波」所誘，如同昆蟲被豬籠草迷惑吸引，最後被關進其捕蟲籠，導致無法脫身而遭到吞噬；關於後者，稍後再談，把焦點先放在前者，這也是讓我感到最萬分不忍的。

這些聲音傳遞的訊息讓我感到悲傷，是由於從中得知部分死者之所以會走向自殺一途，都是在生前遭遇挫折、打擊後，雖曾試圖奮鬥爬起，無奈到最後仍然處於絕望與乏力狀態，自殺前也經過猶豫不決、再三深思的過程，只是最後仍不幸釀成悲劇。倒不完全像某些人所批判的那般，指責自殺者全是「懦弱」、「卸責」、「不顧親人」、「腦袋進水」等自私或無知幼稚心態。事情恐怕沒那麼簡單。

不少人會選擇在此了結一生，背後大多有段不爲人知、令人感傷落淚的不堪故事，當悲哀超過最高點後，再怎麼勸說，就較難有效果了。即使官方和民間志工團體爲防制自殺，在這個地方豎立了不少勸誡告示牌，像：身體髮膚受之父母；多想想愛你的親人、子女、兄弟；冷靜並深思、你需要尋求協助、自殺不是唯一的選擇、還是有人關心你、珍惜生命……等，竟然還有針對被債逼急的尋短者「提供貸款服務」（日本人設想得還眞周到啊！）。然而當死意堅決時，這些標語卻成爲礙眼垃圾，如屁話或幹話般惹人生厭。不過你問是否完全無效？倒也不見得。剛才也說了，還是有尋短者被這些標語打動內心深處，進而號啕大哭，掙扎許久。最後儘管渾身發抖，依然握著來時所帶的繩線，勇敢地折返，走出樹海，決心面對現實，重新展開新生的，仍大有人在。

遺憾的是，還是有不少人最後選擇死亡，這也是不爭的事實。

很抱歉，我不能詳細描述在此地亡者的自殺方式與過程，但光是聽到幾個靈魂訴說，就覺得「他們」生前眞的遭到狠狠扭曲，活在一種「不像個人樣」的環境中，處於恐懼、勞苦、疲憊、無奈、折磨、抑鬱、痛楚……等狀態，已經超越「警戒線」太久。加上日本向來習慣壓抑個人情感的民族性——不便表露自身弱點，否則容易被歧視甚至霸凌——似乎成爲加速朝向死亡的催化劑，更令人感到心疼。

其中一位僅十七歲、從外縣市鄉下搭長途車前來尋死的少年，說高中生涯令「他」絕望。他成績爛，滿臉痘痘，個性文靜，沒有女孩緣，成天還被學長勒索、霸凌欺侮，又被同學栽贓考試舞弊和性騷擾女同學！「他」曾尋求父母與師長協助，想洗刷冤屈，卻換來嘲弄、怒斥，以及「要對自己行爲負責」、「不要當社會廢物」的訓誡！自己像個充飽了氣但被嚴重壓扁的皮球，莫名含冤，還無處可訴、無從宣洩，所受之苦痛，非當事者實在難以體會，最後看到報紙上提到「青木原樹海」的事，自覺「可以在沒人知曉的情況下離去」、「死在這裡至少有人陪伴」。醞釀一段時間之後，於是有天晚上鼓足勇氣偷偷逃家，再搭了夜車前來，中途還迷路兩次，最後就這樣長眠於此。

另一個靈魂則是單親媽媽，自稱不敢帶著女兒一起尋死，因爲「她」知道，帶著女兒她會不捨，但面臨生活已經難以爲繼、被錢莊逼還前夫所欠賭債、在職場遭到欺壓剝削、老闆求歡騷擾，女兒又孱弱常病的多重衝擊下，「她」早就身心俱疲，又不知如何找到宣洩出口，只能選擇以死解脫，且死狀極慘。

其他還有諸如被黑道剁指追殺、職場失誤愧對群體、經商失敗、欠債難還、爲情所困爲愛所苦、單戀、被性侵、慘遭另一半感情背叛、未婚懷孕被棄、久病厭世、被心理疾病所折磨……令人打從內心難過的理由百百款。當然還有其他特殊理由，諸如「煮飯老是被公婆嫌不好吃」、「線上遊戲打輸對手」、「偶像死了」、「沒什麼，自覺人生活膩了」……這類因素，皆可釀成自殺憾事。你可能認爲人生哪有這麼脆弱就去死？騙人！不過藉由感應，我倒有個感觸，就是這些看似光怪陸離的理由，或許背後還隱藏著不少沒說出口的負面思考、行爲與不幸遭遇，一般人恐難窺全貌，光從隻字片語要想論斷，可能還太早了些。

就如同裡頭的不少靈魂皆稱，「要是人生好過，誰想自殺？」話雖如此，但我很想知道「他們」至今會不會爲自己的死感到後悔？以及如果還未找到遺骸，是否需要告知警方確切地點，並引導尋找到大體及做後續處理？則暫時沒有獲得相關回應。

綠線公車返回河口湖已經下午三點多，我們買的「周遊券套票」雖然可用至明天爲止，但因爲明天要搭飛機回臺灣，妻子提議要不要趁天色未黑，現在再搭末班藍線公車，繞繞較遠的精進湖和本栖湖欣賞風景、往返都不下車？我看到路線圖，中途又會經過敏感「熱區」，有些猶豫，但繼而想想，既然難得一遊，搭車通過不下車，對通靈人來說，相對上還是安全，也就爽快答應了。

這次搭藍線公車的體驗又不同了，可能是路線分岔、重疊處較少，和時段關係，所獲得靈動感應呈現斷斷續續，就像電信基地臺接收訊號的強與弱，且隨著傍晚逐漸天暗，儘管途中經過「熱區」，那種人聲嘈雜的感應反而變少。我和一般人想法相同，都原以爲傍晚入夜後，這種靈動才愈加強烈，但在這次的體驗中，卻是反向指標，倒有些驚訝，不過沿途仍然接收到一些不尋常的「訊號」。

包括詢問靈魂「會不會為自殺而後悔」，以及「若未尋獲遺骸，是否需要代為告知警方確切地點」等問題，總算有了回音，但我非常清楚地被打個大回票，僅感應到簡短訊息：「別問這麼多！別多管閒事！」嚇得我在好長一段路途中，只敢靜靜地聽，不敢多吭一聲。

接著又感應到幾個靈魂哀號，或忿忿不平的怨聲。有位在樹海裡身亡的靈體不斷重複，指稱自己被警方發現時，大體早已腐爛乾枯，只剩個骨頭支架，外頭罩著衣服而已；「他」不滿當時被警察粗暴地拉扯，結果頭顱和身體軀幹差點分了家！到現在頭與頸子都在「劇痛」，而且那個拉扯「他」身體的警察，連名字「他」都記得；另外幾個聲音，則是當初被發現大體或乾屍時，也都沒有被「好好善待」（什麼意思？難道警方和志工有不敬之處？不懂）；更有自己遺留在現場的身家財產，被幾個好大膽子的探險者給偷走！實在過分。

我不是什麼「喊水會結凍」等級的名人，也沒能力登高一呼就可以改變什麼，只能呼籲曾在這類環境「不慎撿到」有價值財物的朋友們，能交給警方就快行動，若有「不便」則還是趕緊物歸原地。不過經過這麼一寫，我想某些「不慎撿到」的朋友們若看了，大概也嚇得不敢送回原地。

談到這裡，我又要開始囉嗦了。或許有些計畫想前往富士山河口湖地區旅遊的朋友，看到這篇會覺得異常恐怖，這點請不必多所擔憂，因爲通靈人體質與一般人，在感應上有極大差異，簡單說就是「有人可以接收訊號，有人就是毫無感應」，因此請勿自己嚇自己。一般人前往當地旅遊，除了抱持快樂的心情，只要遵守規定，不前往指標以外地域接近或行進；也不要破壞環境、不亂撿亂丟物品、不大聲喧鬧或做出脫序行爲，基本上，地縛靈或孤魂倒也不至於隨意捉弄，或造成你更大災難，就算前往「青木原樹海」這類區域，也毋須疑神疑鬼，仍可安心旅遊，盡情享受大自然美景。簡單說就是守規矩，陽間人類與冥界靈魂皆可相安無事啦！除非你沒事找事、想弄點刺激的事，只是後果你能否承擔，則又是另一種層次的話題了。

有位同爲通靈體質友人也到過當地，指出她親眼看到幾個和她住同一家飯店的年輕遊客，白天在景區沿著樹海步道大聲喧鬧，竟然還在樹上刻字、隨地便溺，又跨過封鎖線內奔跑大叫，挑釁狂喊：「來呀！來呀！誰怕誰啊？」瞬間就有幾個淡白色光點逐漸靠近。她無力阻止，只能快步離開，並默默「祝福」這些青年平安無事。據她說就在當晚，這幾個屁孩傢伙在飯店小酒吧內，酒都還沒喝到，幾個人行爲完全脫序，吊著白眼像失魂落魄般「起乩」、吼叫、隨地便溺，最後被送到警察局，乖乖蹲了整晚才恢復；老闆得知他們這幾天行程後搖頭說，看來應是被「在地冤靈」給惡整一頓。

還有網路上一些極具冒險精神的年輕人，自詡「搜索隊」、「探險家」、「收妖道長」，哪裡不去就偏要挑「青木原樹海」，有些還自備死屍道具或乾脆自扮大體，吊在樹頭上，一時之間把網友嚇得驚愕難語。我從事電視這行業數十年，當然清楚什麼叫「節目效果」，然而還是奉勸這些網紅或直播主，人有人的區域，鬼有鬼的地盤，互不干擾爲宜，以免被另一世界的朋友視爲挑釁或污名化。不管你拍到是眞的，還是「節目效果」，打擾這個地方本來就有風險，別搞到「假戲眞做」，或者往後出現後遺症，就不要怪自己當時的魯莽行爲，後悔莫及也沒人搭救。

可是說來也詭異。照理說像這類地方，鬼魂冤靈遊蕩，應該會人煙罕至，遊客多所顧忌才對，可是每天前往「青木原樹海」的遊客，依舊絡繹不絕，就跟櫪木縣日光國立公園「華嚴瀑布」一樣，說是自殺熱門地點，但不少遊客慕名而來，興奮得很，這種莫名其妙的吸引力，應該算是負面行銷吧？然而帶來龐大觀光財卻難以估計，還眞是「人算不如天算」，甚至是「鬼算」。

話說這類吸引力，很多都是由於人們好奇心驅使，或者出於「試膽」因素，想藉此帶來征服及滿足感，不過本文先前提到「被迷惑」，則是另一股怪異力量，誘惑特定人士激發出自殺能量，也是此行當中，我所認爲較值得憂慮之處，偶爾想起時還覺得有些生氣！畢竟誘惑他人自殺非常不道德，就算是來自另一空間世界的力量，同樣不能被諒解。可惜我們的邏輯與對方南轅北轍，或許那一邊的觀點，認爲其做法才是正道，只能說滿無奈的。

這就跟許許多多自殺熱點或知名死亡景點一般，其慣用方式就是該區域的邪靈惡魔，不斷散發出誘人「電波」，讓某些被鎖定的人，逐漸受無形牽引，慢慢被引導進入「迷惑模式」，被灌輸自殺是一種解脫、快樂、解憂之道，不必覺得羞恥或罪惡；況且有很多「前輩」成功在此了結人生，所有人世間苦痛悲愁，皆能瞬間一筆勾消，永遠地遠離災難，如此悲壯有何不好？

於是，往往有許多悲劇，就是在這種「迷惑模式」情況下發生，自殺者很有可能都到了靈魂出竅準備眞正離世，都還不曉得怎麼回事，要是本靈又被魔域力量趁機劫走，加以凌虐或改造，那可就更冤了。

接下來從富士山、河口湖回看臺灣。在許多網友口耳相傳、不斷創新的「都市傳說」中，關於自殺部分，很少人知道有個奇特情況，那就是**大樓屋頂的神祕吸引力**。

我自己就碰過幾回。在某些大樓屋頂陽臺悠閒鳥瞰風景，先是感受舒服涼風，還略帶涼意，在冬天或許有些冷，如果是夏天則舒適宜人了。此時就聽到一陣陣怪異回音，重複著以下這幾句話：

「快來啊！來啊！跳下去吧！人生什麼樣的煩惱都會解決，很快樂的！」

乍聽之下還以爲附近樓層誰嗓門大了些，繼而仔細一聽，竟是如此清晰與「柔情」，如同兩軍對峙的心戰喊話，持續引誘著在陽臺上的人們。敏感的人或許覺得毛骨悚然，若是「少根神經的」，就有可能逐步被引誘到樓頂邊緣，自己也不知「爲什麼」，反正就很自然地移動，後頭似有人推一把向前進，警覺戒心完全被卸下，想想實在恐怖。

曾就這個感應和幾位「科學派」的朋友聊，他們斥責這叫「無稽荒謬」。很多大樓設計造型，彼此都會牽動影響，難道不會產生空氣流通上的擾動，或者風切這類狀況嗎（對不起，他們講得好快，我根本聽不懂什麼專業名詞，若有誤解請指正見諒）？我聽得一愣一愣，但也反駁說，在樓頂上的風可不是說來就來，而且風吹過一陣後，就會有這類勸人跳樓的聲音出現，這又怎麼解釋？結果被糗「你該去看精神科醫師啦！健保費繳了就是要多多利用！」這類酸言酸語收場。

有陣子還眞以爲自己有神經病，等到第二位、第三位朋友指出，在搬了新家到樓頂上休憩，或者房仲帶著買屋看房觀察四周環境，皆出現類似狀況時，我才確認這不是幻覺，一切不是假的。當大家努力防止自殺時，可能也需警覺這類超自然現象。

其中一位告訴我，他往昔所居住的大樓，鄰棟管理員是個禿頭、胖胖的中年男子，平日熱心大樓事務，笑容親切，也與各住戶相處融洽。某日他上樓頂巡查，驚見某樓住戶唸高中的大女兒，正準備一躍而下！令他趕緊快速上前將她拉住，千鈞一髮之際，總算把人給平安無事帶下樓，但她神情有些恍惚無神，過了許久才「甦醒」。消息傳開後，所有住戶還以爲這小孩課業壓力太大，或者感情困擾導致，一時謠言四起，最後這女孩不好意思地回答，她當天到樓頂上，純粹是因爲學校要期中考了，想唸個書，但家裡父母來了幾個訪客，聲音很吵，干擾到唸不下，只好到屋頂上圖個清靜，但不知怎麼搞的，一陣涼風吹來之後，接著什麼就不知道了。

但好事、愛八卦的鄰居，總是繪聲繪影臆測「明明就是課業壓力嘛！」、「我猜是單戀或者被男孩子甩了！」但最令人驚恐的是，三天後清晨，反而是這個管理員從樓頂一躍而下，倒臥在中庭花園死亡，兩眼平視著地面，神情狀似無奈。

也許有人認爲，這是不知名的魔域力量，明明要「抓」的人沒抓到，只好找個替死鬼「捉交替」，我倒不完全這麼認爲。應該是說，任何人都可能有機會「被抓」，僅有「抓得到」、「抓不到」兩種選項而已。這位管理員或許是上屋頂巡查之際，剛好碰上這種怪風吸引，然後時機也對了。總之，各種可能性都不能排除，況且誰曉得會不會是宗蓄意推人墜樓的謀殺案？這都很難講。

但不可諱言的，這類怪異吸引力，往往成爲致命關鍵。某些網路文章甚至揭露某人莫名其妙跳樓最後獲救，回憶跳下前，想起地面竟然有人仰頭對他招手，狀極愉快；也有的獲救者是看到遠方天空綺麗紅橘光芒，以爲「與天與神更接近」，信以爲眞一躍而下；不過最多的狀況，還是一陣怪風襲來後，整個人像是被催眠一般，不由自主地朝向屋頂邊緣走去，然後耳邊就會有柔聲引導，警覺心完全被綁架。

或許你可能會將這種現象，跟鬼屋啦，凶宅啦，路衝啦，以及魔域這類現象聯想在一起，在我看來皆有可能，但都要以個案判定，並非每種情況皆相同。不過，還有更多人可能更關心，如果住家樓頂被人拿來當成「跳樓工具」，那整棟樓房豈不倒楣全變成了「凶宅」？

當然就法律觀點或社會規範，有特別的見解與認定，這在網路上相關文章很多，不多贅述。若以我這個業餘通靈人角度觀之，我個人是認爲，不管哪棟大樓曾發生這類不幸案件，都應該要請專業高人、功力須達到「請得動」的程度，去引導暫時留置現場的靈魂，前往該去之處，不要在此地逗留徘徊，如此應該就不至於成爲「凶宅」。只是我的想法，不見得與法律或者社會觀點相符，到底誰對呢？說眞的，我也不知道，只祈求這種自殺憾事別再發生，雖然的確很難做到，但大家總該努力防堵。

談到這裡，相信又有人想提問：「自殺的人會不會每天都來『自殺』一回？」我問過一些通靈人士，大家認爲「沒有」，所持觀點是：「靈魂沒這麼多閒工夫，每天還要重演一回不幸。」況且時間到了，還是要前往該去的地方（去哪裡呢？眾說紛紜），更沒機會「準時上演」！這種「每天都要重演自殺一回」說法，或許是捏造的、勸誡人們別自殺的「警世故事」，立意應該是良善的。然而有次我與友人，開車經過多年前發生過的重大空難現場，竟然驚見前方路上，有個灰頭土臉的空服員樣貌靈魂，不斷來回奔跑，對著我們高喊：「飛機爆炸了！快來救人啊！」不但讓我們傻眼，更顛覆原本認為「自殺者不可能每天重新上演一回死亡經過」的刻板印象……啊！不對，這個靈魂並非自殺，「她」應該是這架失事班機的空勤組員，是遭逢意外走的呀！

好啦！那麼到底是哪種死亡方式，才會導致「每天都要『自殺』一回」？可把我們搞糊塗了。我們討論半天，還是沒有結果，既然找不到答案，最後只好不了了之。

順帶告訴你，當我們結束日本富士山與河口湖的快樂行程回到臺灣之後，第二天，我很快把相機裡的檔案全輸入電腦，結果卻發現在「青木原樹海」這一帶所拍攝的照片，幾乎全都模糊！所剩可用照片極少。我自己拍了二十多年照片很少失手，然而遇到這種奇特狀況還是首次；況且同一個行程裡，在其他地區所拍照片都是清晰美麗，毫無模糊失焦，卻在這個地方難以拍出清晰照片，我的「推斷」或許是打擾了當地的「好兄弟們」，而被小小「懲罰」一下。

如果眞是如此，我也只能再三向這些靈魂，致上最深切的歉意。其實我們並無意冒犯，只是想知道現場實際狀況，若造成打擾，還希望多多包涵見諒。

不過這回旅程，也讓我對人生態度有了全新轉變。一方面為這些靈魂感到遺憾，再者也更能理解自殺動機，應該先全面理解背後所蘊藏的不幸因子。容我最後再次嚴正重申，**我絕不鼓勵自殺**，可是我們要如何防範這類悲劇一再發生，那還眞是學問大，仍有賴大家持續與齊心協力，關懷身邊人事物，老實說極不容易，而且是場艱困的持久戰。這些日子以來思考很久，回想每個靈魂訴說不同遭遇，隱隱覺得痛，卻又很難多說什麼，也幫不上什麼忙；或許該像我妻子一樣，當個啥都不知、啥都感應不到的觀光客，單純地盡情享受山光水色，應該算是全世界最快樂、最幸福的人了。

話說回來，自殺眞能解決所有問題嗎？至少就我感應所知，自殺靈魂幾乎都不快樂，而且更痛苦居多，自以為脫離人生苦海，卻又跳進另一個火坑！既然如此，那幹嘛「多此一舉」？人生當然苦多於樂，「要是人生好過，誰想自殺？」不順遂的人生仍有不少解方可尋，但變成了鬼可不見得有喔！如此看來，還是勇敢地活下去更划得來嘛！這還用說嗎？

與往生老人的約定

臺北市東區有條緊鄰醫院的巷子，有長達五年多時間，我每天走路上班必經此地。這條巷子有劃設一段行人專用道，目的是爲了方便讓前往旁邊醫院看診的病患，有個專用道路可走。

奇特的是，這條行人專用道並不長，頂多一百公尺，竟然有派出所在此地立起「禁止臨停、加強拖吊」紅色警告標示（見下圖），提醒駕駛人注意。不過後來才知道，這塊標示並不是警方設立的；至於誰這麼

「好心」，藉著派出所名號立了牌子，我無從查起，只是後來這些標示牌都被當成「廢棄物」給撤掉了。

介紹完這條行人專用道的背景，該進入正題。印象所及，這條專用道啓用後，醫院門診時間，幾乎全被來看病或探病的病患、家屬、友人車輛所占（請看前圖的汽車排排占，專用道根本被「淹沒」了），行人或病人根本無法使用這條專用道，只能在快車道上行走，相當危險，行的權益遭到嚴重剝奪。

本來我沒有特別注意這條頂多一百公尺的行人專用道，即使每天步行上班路過，發現此地都被車輛盤據時，也沒覺得有啥不便，反正自己還不算老，頂多繞到快車道上趕緊通過而已，不構成什麼問題。

直到民國九十八年某個夏日，從我輪值一個星期的晨班開始，情況就不同了。每天在凌晨摸黑情境下路過時，總會看見有位拄著柺杖、右手插著點滴管、穿藍色條紋病人服的光頭老先生，站在醫院旁的露天休息區，一直盯著我瞧。

原本頭一回被盯著瞧，並不在意，沒什麼感覺，但接下來每天都是如此，況且才凌晨四點半，老先生始終站在同一個位置繼續盯著我瞧，總不免讓我感到不太對勁，進而產生其他聯想。

你覺得夠毛、夠恐怖嗎？不曉得這個老人家，到底是罹患老人痴呆症呢，還是固定有早起習慣，喜歡盯著過往行人猛瞧？然而，當我走近發現這位長者**沒有腳**（等於是騰空）、也**沒有影子**時，馬上意會過來——**「他」早就往生了！**

媽啊！夠猛了吧？當時四下無人，我還算鎮定，不曉得哪來的膽子，乾脆走過去，站在老人家的靈魂面前，單刀直入地詢問為什麼盯著我瞧？沒想到老人家一聽到質問，突然老淚縱橫，反而嚇我一跳！接著一手掩著臉，另一隻手指著路口，然後聲音很小很小地慢慢道出原委。

原來，老人家就住在這附近。幾個月前，因為心臟病開刀，住在另一家醫院，出院後回家，聽從醫師囑咐，每天都會經過這條行人專用道，慢慢走去大公園散步運動。有天午後一覺醒來，他照例要出去走動，由於這條專用道都被汽車占滿，只好改從旁邊的快車道慢慢向前；豈知後頭闖來一輛大車，大概嫌老人家走路慢、擋到他的路，連續狂按了四聲喇叭，要老人家閃開；只是突來的喇叭聲極為刺耳，老人家即使耳朵不好，仍然受到一陣驚嚇，儘管當時還能走，心臟卻開始出現異狀。

後來，他勉強走到大公園前，覺得身體異常不適，臉色發紫，喘得特別急促，先趴在花臺前然後摔落地面！路人經過發覺不太對勁，馬上報警送醫，最後１１９將這位「路倒」長者送到哪家醫院並不清楚，只知道老人家緊急住院，沒多久後就往生了。

「他」哭泣地指著這條專用道，認爲當時如果沒有汽車占據這條道路，至少安心得多，可以慢慢地通行，甚至也不會這麼早「走」，苦了孤單的老伴。

等老人家說完，我還是一頭霧水，**這跟我有什麼關係？**

老人家說之前看到我時，已經先「打聽過了」（向誰打聽啊？不知道。是「好兄弟」嗎？還是哪個「陰間管區」？），曉得這個人性格皮歸皮，但還是「有點用處」（謝謝肯定啊！），所以注意很久，希望我也能夠注意到「他」的存在，拜託幫個忙，盡力檢舉這條行人專用道上違規停車的駕駛人！

因爲老人家說，自己枉死、沒人注意整個事情的經過，那也就算了，但還有尚在陽間的同輩、長輩，以及自家的「老太婆」（「他」的太太），也同樣拄著枴杖或是坐輪椅，孤單一人往來醫院，都需要走這條行人專用道，卻因爲汽車駕駛人自私、霸道，讓他們通行不便，最後被逼著得走上快車道。可能被往來車輛嫌擋路、礙眼；被「叭」算是客氣，說不定還會被咒罵、受傷害！這種內心痛苦和羞辱歧視，一般民眾是不會理解的。

「他」懇切地望著我說，就算不爲救人，也算是功德一樁吧！我一聽連忙阻止，因爲我很忌諱談「功德」這兩字，但答應只要看到駕駛人違規，一定會通知警察取締，這樣總可以了吧？

老人家看著我滿腔熱血，微笑點頭，然後一眨眼工夫，立刻消失不見，只讓人感受到陣陣冷風襲來，在夏季早晨算是有些不尋常的**陰涼**。

從那天之後，我每天上班經過這條巷子，再怎麼用力找，也看不到那位老人家了，但傍晚下班時，只要發現這條行人專用道被汽車違規亂停，馬上撥打一九九九市民熱線，請市府代轉警察機關馬上處理。

說眞的，舉報違規停車本來是件很微不足道的小事，但沒想到這問題實在難以根除，相當棘手！

首先，這條行人專用道雖然短，卻因爲地理位置極佳，成爲病患家屬等候病人就診時最好的停車地點；再者，現在駕駛人**皮**得很，就算舉報給警方，派人來取締，這些駕駛人就坐在駕駛座上，機動性強，馬上就開走，像鳥兒躲獵人襲擊一般，等業務繁忙的警察離開，他們又回到原地繼續霸占，因此取締效果奇差無比。

更讓人不解的是，好幾次看到警察來，只「取締」所通報的位置，鄰近仍有其他巷弄紅線區域被占滿車輛，可能因爲「沒通報」，因此警察似乎也視而不見了？怪哉！還是警方有其他更好的執法方式，這個我並不清楚，若有誤解，還望請警方多多包涵。

言歸正傳。自從開始打一九九九「臺北市民熱線」舉發超過半年、累計數十通電話，每次最後收到簡訊都會告知**結案**；就算案子還沒完結，也會措辭客氣註明**處理中**，若需查詢最後結果，可再去電一次。

唉！傳這些無用垃圾簡訊給我幹嘛？根本沒解決問題嘛！充其量不過是**已經來取締過**了，但眞正**結案**沒？每天醫院門診時段的早上十至十二點，以及下午兩點到四點半，趁上班空檔跟主管報備後前往現場查看，發現違停現象依舊存在，有時車陣還一路向南延伸，排排站到下一個路口去咧！況且這些路段，全程都畫有紅線禁停。

嚇阻有效嗎？見鬼啊！問題解決沒？我看算了吧！還是得想想其他辦法。

我這個白痴，曾經試著勸導違停的駕駛人，姑請念及坐著輪椅、拄著柺杖、一步步慢行的弱勢及就醫者，需要用到這條專用道以保障行的安全，麻煩請將車子駛離吧！況且那些弱勢者與病患，如果是您的親人、家屬、朋友，您將作何感想？儘管非常客氣地應對，豈料九成以上駕駛人一臉兇惡，不屑地警告我「不要多管閒事」，還曾被粗口威脅「**我記得你的長相**」，甚至舉起中指跟我嗆聲！

遇到這種「敬酒不吃吃罰酒」的傢伙，我就會強硬起來！雖然明知道受辱、甚至可能受傷，但我認爲這個社會，絕不能讓違法者囂張，所以立刻報案，最後靠警察來主持公道。遺憾的是，警方治安業務眞的太忙，不過蜻蜓點水一下下，等警車離開後，這群違規者又像揮之不去的蒼蠅沾到蜜糖一樣，全都湧了回來！諷刺至極。

有時在想：幹嘛這樣賣力？這個地方又不是我家旁邊，這些駕駛人跟我無冤無仇，沒必要這麼「耍狠」吧？但每每心中疲累、浮現這股念頭時，很奇怪，老人家的面容也會同時映在我的眼前。唉！既然「受人之託」（我常笑說「他」已經不是「人」了吧？），當然要「忠人之事」，只好繼續當傻瓜，繼續「雞婆」下去吧。

我還眞的沒死心。好吧，請媒體來幫個忙好了。某大報民意版不僅願意刊登我的投訴，我還附了照片佐證。原以爲平面媒體力量應該可以嚇阻才對，但成效仍然有限，好不到兩天，這條行人專用道再次「淪陷」！

天啊！連這樣都還不能夠遏止違停行爲，該如何是好咧？

於是我苦思轉換戰術，改爲投訴至市府官網的「市長信箱」，把整件事完整說了一回，並建議將這條行人專用道**用拒馬或水泥磚予以區隔**。無奈官方體系老讓我碰一鼻子灰，每次最大的反駁理由，竟是**設置阻隔設施會妨礙弱勢行人通行，且有礙市容觀瞻**（大佬！有沒有搞錯啊？這樣就「有礙觀瞻」？），總之，給我的感覺似乎是有千千萬萬個不肯做、不宜做、不能做的「味道」存在！而且每回覆函雖然客氣，卻「照例」拷貝一段相同文字丟還給我，都是要檢舉人在發現違停車輛時，撥「一九九九」市民熱線檢舉爲宜，警方會立刻到場取締。

眞是……喵的！公務單位是否覺得「這只是小事」呢？以爲哈啦個兩句、應付應付也就算了？很抱歉，我偏偏是那種「歹剃頭」的「奧客」，跟快遞公司一樣，人家「使命必達」，俺是**死命必打**，死打爛纏非得要解決問題不可。

好，要我檢舉是吧？我眞的卯起來每天親自到場，管你星期一還是星期六，只要看到車輛霸道占據行人專用道，就馬上打電話請警方取締違停，不但違規駕駛人不爽，我看警察大概也取締到煩；但我眞的持之以恆，既然這是市府單位建議，「好市民」必定遵照執行！

不過，用拒馬或水泥磚阻隔人車的提議，我還是照樣不斷「上書」，市府單位也挺有耐性地回覆，就像打乒乓球一樣，你打過來，我打過去，你打過來，我打過去……反正就這麼回事，完全沒有改變，更甭說進展了。「雙線進擊」顯然沒效。

一個人耐心與毅力畢竟有限，屢次受挫難免心灰意冷，頻頻質疑自己到底該不該這麼做下去，一度想放棄，直到又看見有個坐輪椅的年輕人，吃力地自行推著輪椅通過那條被霸占的專用道旁（也就是快車道上），被大卡車從後頭「叭叭叭叭」個不停；令人憤怒的是，即使年輕人回頭向那位司機舉手表示歉意，仍然抵不過對方一臉兇惡臭罵：「X！廢物！慢得像龜！」我只差沒拿個磚頭朝車砸過去、幫忙出口氣（當然，這是違法，不能這麼做），卻也因此，即將被澆熄的熱情，又復燃起來！

我那超搞笑的好友「阿洪」，聽完我的描述，直說乾脆再立個「**亂停車者，豬生狗養貓帶大**」標語牌如何？我覺得這樣做恐怕太流於「意氣用事」吧？況且要是被控告毀謗侮辱該怎麼辦？他抓抓頭又想，建議醫院跟警察局合作，把標語牌內容改成「**在此敢違規停車，你全家破病不會好！**」，既貼切又有臺灣味，一定有效！但我想，警察會不會採納，那還眞是有得溝通咧，沒這麼簡單。

不過我始終都有個「靈動」感應，總覺得那個老人家一直在後頭幫忙加油。儘管事情看似簡單卻很棘手，然而自己總認爲，只要是對的事，做就對了，不用想太多，至於能否成功，相信老天爺必然會給予一個合理答案。只是，每天看著弱勢族群，必須冒著生命危險走快車道時，內心就一陣揪痛！民眾普遍自私低劣的生活素養，從這件「小事」中，又再次得到印證。

故事說完了嗎？當然還沒結束。

於是我第四度投訴到市長信箱，特別挑明痛批：**既然你們一再說明，設置阻隔設施會妨礙弱勢行人通行、有礙觀瞻，那麼是否證明市府沒人才？難道不能設計出一套兩全其美的阻隔方案嗎？**其次，我也替警方說話，直言告知市府官員：**臺北市警力嚴重不足，每天還要爲取締違規車輛分散力量，而且成效不彰，你們難道要繼續浪費警力資源、不思如何改善？**這種重口氣批判，表達身爲媒體工作者的我強烈不滿，終於逼得市長信箱處理單位回覆：「幾經考量」，決定請工務單位擬定計畫改善。

好啦！經過將近兩年不斷打電話請警方取締違停（個人紀錄資料顯示超過三百通，至

於被取締開罰的車輛，那可眞是不計其數了），以及向市長信箱陳述狀況（總計投訴四次），看到如此回覆，心情總算比較舒坦些。

民國一百年三月，市府工務局直接答覆，終於同意在當年五月份，在這個區域加裝彈簧桿，以隔離人車。話是這麼說，我還一度懷疑其眞實性，畢竟纏鬥這麼久，始終沒結果，心力交瘁，還誤以爲是駭客或詐騙集團「來亂的」！但確實在該年五月六日下午，官方依排定工作計畫，完成這個小小工程（見上圖，係完工當晚畫面，僅爲局部，實際施作長度是圖片中的兩倍，因爲遠方被轉彎車輛遮到），有效阻隔人車通行動線，讓弱勢行人不必再走危險的快車道，也不須再看駕駛人臉色。

然而，如今重新回顧這段漫長歷程，仍然有滿肚子不爽和積鬱，特別是跟公部門打交道，還眞是累啊！老先生大概也知道難度高，暗暗保佑我沒被車撞死或被人打死，但至少我沒有辜負這位長輩心願，已經盡全力圓滿完成，也就心安理得了。友人笑說我這個人纏鬥力如此之強，應去選該里的里長，不過很抱歉，本人戶籍不在那裡，算啦！謝謝大家好意。

時間一過就是好幾年，這條專用道經過阻隔後，確實發揮作用，尤其病患、輪椅族、弱勢族群，都可以安心緩緩穿梭，不再擔心被車子堵，或遭遇不禮貌駕駛按喇叭要求閃開，看著看著，內心有著說不出的寬慰及舒暢，也不免感觸良多。我不敢鼓勵大家像我一樣的雞婆、難纏，倒是祈求當遇到不公不義之事，每個人應該隨時沸騰著一股熱血，勇於挺身而出改正，這個社會才能安定和諧、未來有希望。

至於那位老人家呢？只知道「他」從天國又回到「陰陽兩界關卡」，迎接不久前仙逝的太太，再結伴往天堂而行；「臨行前」兩位老人家還到我夢中揮手致意，像是在說聲謝謝。我似乎講了一大串祝福話語，但忘得差不多，只記得請「他們」在「升天」時，別忘了一定要走**專用道**，讓「他們」大笑不止！

就這樣，我夢也醒了，增加一個有意思的靈異經驗，又回歸原點，開始忙碌的一天。

老婆婆小販

多年前，有回企劃某個節目出外景，外景隊一行九人，為了撙節開支，用一個禮拜時間，開著電視公司的小巴，上山下海機動到處跑，目標就是盡快拍完，速戰速決，畢竟預算並不多。

最後一天的午後時光，在中部某熱門觀光風景區的景點A，我這個製作人，看大家揮汗如雨，拍得如此辛苦，於是撥出少許公費，拿著千元大鈔，想幫大家買個點心解解饞、慰勞慰勞。嘿！碰巧在不遠處，看到有個在賣礦泉水、飲料跟茶葉蛋的老婆婆，看起來已經八十幾歲，白髮蒼蒼，行動緩慢，半天沒生意上門，孤苦地蹲在地上吹風，心中有些不忍，於是就上前買了一堆茶葉蛋跟飲料，總共是兩百塊錢。

老婆婆眼睛似乎不太好，好像有白內障，雙手也粗糙，在找錢時耽擱了一些時間。這時候我的執行製作剛好跑來叫我集合，我也沒注意這麼多，就叫執行製作先把茶葉蛋跟飲料分送給大家；至於老婆婆找給我的錢，我看也沒看，就塞在口袋裡趕緊去跟大家會合，而老婆婆則是歡天喜地不斷向我鞠躬道謝，看來生意眞的很不好，我心裡一沉，覺得有這麼一絲傷感，又不曉得該說什麼好。

然而，這站拍攝行程並不順利，機器屢屢出狀況，拖掉不少時間，勢必延誤到下一站、也是最後一站景點 B 的拍攝時間。眼看天色開始逐漸暗下，大家都很著急；好不容易機器修好，趕緊搶拍，然後大隊人馬跳上車，希望在天黑前開拔到景點 B，拍完就可以連夜殺回臺北，以免預算超支。

從這個景點 A 到景點 B，路程並不短，大約要一個半小時，而且爲了趕時間，我們改走山路比較近，不過東搖西晃，山嵐漸起，視線不良；大隊人馬在車內睡得東倒西歪，只剩坐在副駕駛座的我，和擔任司機的燈光助理「小楊」還醒著。車子開了一段時間，我想起剛才買點心找的錢還放在口袋，於是把它拿出來，摺好放進皮夾。

可是當我拿出口袋裡的錢時，兩眼瞪得好大，簡直不敢相信。

「製作人，你怎麼啦？」正在開車的「小楊」感覺我好像愣住不動，又不敢把頭偏過來，只能用眼角餘光斜斜地看著我。

「這……」我眉頭一皺，「那個老婆婆找錢弄錯了！」

「啊？她少找給你錢是嗎？」後頭的執行製作突然醒來，關心地問，「怎麼可以這樣？」

「不！你誤會了。」我說，「她應該找給我八百塊錢，但是……她把兩張五百塊錢大鈔當一百塊錢夾在裡頭，你看，這一堆一百塊錢鈔票，應該有八張，結果是六張一百，兩張五百，變成找我一千六百，多出一倍！」

駕駛座上的「小楊」興奮地歡呼：「喔！耶！晚上宵夜有著落囉！」

所有外景隊同事被他歡呼聲吵醒，一聽到製作人多了不少錢出來，也很高興，紛紛嚷著要請客，就當「殺青慶功宴」好了，怎樣？怎樣？面對大家的催促，我突然間不曉得怎麼回事，覺得很厭惡這種念頭，對大家這種貪婪嘴臉甚感噁心，進而莫名其妙爆發「神經病脾氣」來，馬上命令「小楊」快把車調個頭，因爲我堅持要把多出來的錢，還給那個老婆婆。

「唉喲！製作人，你『起肖』啦？」攝影師搖搖頭，「我們所剩時間不多啦！要是車才剛剛開出來，你調頭回去，那還沒怎樣……現在車程都開到一半，而且山區又起霧，我們還要趕著去景點B耶，要是天都黑了，什麼鳥畫面都拍不成，我們可能要多窩在中部一個晚上，預算超支怎麼辦？你要付嗎？」

「是啊！」我的執行製作也持反對態度，「下次我們有機會來這裡時，再還給那個老婆婆就好了嘛！」

「**不行！**」我突然爆出大吼，嚇了所有車內同仁一大跳。其實也可以接受大家的意見，但在那當下，不曉得怎麼搞的，就是臭脾氣來了，無論說什麼都必須調頭回去，每個人唉聲嘆氣，怎麼勸我都沒用，反正我就是堅持到底，直嚷嚷有事我全權負責。

事後回想，我當時眞的不曉得哪來這麼大脾氣，繼而思考，這可能是天意安排。因爲隨著這件事發展下去，讓我驚覺有股不知名的力量，在導引著大家，請耐心看下去。

「小楊」很無奈，只好將車迴轉，回到剛才的風景區去。一路上他邊開車，邊小聲嘀咕臭罵「幹」，對我這種決定極不諒解。你看嘛，大家出了一個禮拜外景，兵疲馬累，想家想得要命，好不容易捱到最後一天，早已經彈性疲乏啦，我這個製作人竟然爲了個**找錯錢**的鳥事，耽擱所有人時間，說什麼要把多餘的錢送回給老人家，唉！有毛病！你看，每個人臉都臭得要死，早知道就叫我別買點心、大家不吃就好了。

「小楊，」我拍拍他肩膀，「你罵我『幹』沒關係，就當成**做好事**吧！」

「**做好事？**」他顯然很不以爲然，大力拍著方向盤，「嘖！」地嗤之以鼻，「浪費拚北ㄟ時間。大家出了快一個禮拜的外景，都累得半死，你還……」

我無言，沒有頂回去，況且在我團隊裡，同事們年紀幾乎比我還大，他們大可「不鳥」這個菜鳥級製作人；更何況換個立場，如果今天我是「小楊」，在這種又倦又煩的情緒下，心裡當然很不舒服。只是，剛才也說過了，我眞的無從解釋，爲什麼在這種歸心似箭的時刻，還要這麼堅持把錢送回去，火氣又如此之大。

車開回那個景點A，老遠就看到幾個「歐巴桑」小販，正圍著安慰那位老婆婆，那個老婆婆坐在小板凳上號啕大哭呢！我的猜測果然沒錯，她已經發現自己找錯錢，虧了這麼多，任誰都會傷心不已！

不要忘了，少掉八百塊錢，對很多人來說，可能只能算「小錢」，自認倒楣也就算啦；然而對家境不好、自食其力的老人家，那可是天文數字呢！

我連忙下車衝過去，幾位同事也跟著下車，順便抽根菸解悶，就看著我趕緊把多出來的八百塊錢奉上。一堆同在「賣涼的」歐巴桑小販，紛紛稱讚「怎麼會有這樣的好人啊」，我連忙推說不是我，是我們大家「一**致共識**」啦，寧可回頭把錢送到，也不忍看見老婆婆「做白工」（好笑的是，我就瞧見其他下車同事趕緊收起臭臉，掛起微笑，跟老婆婆點頭打招呼）。老婆婆對我們一行人，開著車走了大段路後，又爲著送錢折返，不斷地對著我們鞠躬道謝。

也不知道爲什麼，看著老人家破涕爲笑，我有一種想掉眼淚的念頭，並不後悔花這麼多時間折返，認爲很値得。

突然有個「歐巴桑」跟另一位小販說：

「喂！這個『老大人』妳見過嗎？好像今天才來的，我不曾見過耶。」

對方回答，咦，對喔，她也是第一次看過有這麼老的老人家，提著茶葉蛋桶跟飲料桶來這裡販賣。問了老婆婆，老婆婆回應，平常都在另外一邊賣飲料跟茶葉蛋，但因爲那個地方搭起圍籬，要整地開始蓋停車場，所以今天起才改來這個地方賣東西。

大家七嘴八舌地講著講著，我回頭看那位老婆婆——**竟然不見了！**

老婆婆行動遲緩，哪來的「瞬間隱形功」？我開始東張西望，問問其他「歐巴桑」小販，她們也覺得奇怪，人怎麼消失得這麼快？而且照理說，在這個地方賣東西，通常都是附近居民，可是大家都不認識這個老婆婆，會不會是隔壁村的，也不得而知，那就更怪了。

在這種趕時間的情況下，我也不能一直耗著不走，於是車子馬上發動，一堆正在抽菸的同事，還來不及把菸抽到只剩菸屁股，趕緊捻熄上車，我們又開始沿著山路，快快飆往景點B去。「小楊」開車速度非常快，急著要把剛才折返的路程給追回來。

但是這回，循著剛走過的山路，情況可就不太一樣了。剛才一路大霧，現在雖然沒霧了，卻在不遠處有輛警車停著擋路，把我們攔下來。我從副駕駛座馬上跳下車，詢問警察怎麼回事。

「**路坍了！路坍了！**幾顆大石頭崩下來，坍了大概五、六十公尺，還有幾個地方也被土石埋了……你們要去哪裡？調頭改路走吧！」

「路坍了？」我往前方一望，乖乖！還眞的一堆土石壓下來，把山路埋掉一大段。

「小楊」也下了車，忙著問警察：「什麼時候發生的啊？有沒有人受傷？」

經過警方說明，才知道剛坍方沒多久，還不到一個小時，據說前面還有好幾個地方也突然坍了，可是剛才我們開到這個地方時，還好好的耶。至於有沒有人車困在裡頭，警察也沒把握；不過有目擊者說，「好像」有幾輛車被活埋，救難人員即將趕抵現場，視土石崩落狀況，再展開搶救工作。

「小楊」沒多說什麼，回車上跟大家宣布，景點B大概是去不成了，今天晚上勢必要找個地方過夜，明天拍完才能回臺北。大家一聽，唉聲連連，抱怨聲四起，我則是忙著找公用電話聯繫附近C鎮熟識的某家旅店，就這麼巧，有幾間雙人房還空著；於是經過好幾趟縣道、鄉道、山路轉來轉去，當晚我們外景車折騰三個多小時，好不容易在晚上八點多，終於抵達C鎮，一夥人匆匆吃過晚飯、梳洗，歇在那家旅店裡，累到連每晚必備的「餘興節目」——橋牌、接龍跟拱豬也不玩了，倒頭呼呼大睡。我呢，則忙著跟旅店老闆不斷交涉，希望看在我們熟識的份上，房間錢折扣多一點，至少回臺北時預算不要超支太多。老闆倒是很「阿沙力」，五間房只算三間錢，還打了個六折，更招待每人一份早餐；我心裡盤算，本來要自掏腰包墊上去的，但這下回臺北，還能剩下些許錢，沒超支就萬幸啦！

在高興預算沒超支的當下，我完全沒想到，後來竟然發生不可思議的狀況。

第二天早上，旅店的服務人員，招待我們同事來用餐。所有同事相互見面的第一件事，就開始在問：

「你昨天晚上有沒有夢到什麼？我有夢到那個……」

我本來沒多注意，等到「小楊」跟我的執行製作，跑來問我同樣的問題時，這才知道，昨天晚上大家都夢到相同情境——就是我們的「小巴」在山路奔馳時，一顆大石從山頭滾落，正要從我們車子上方砸下來！突然間，有個老婆婆擋在路中央面對我們，堅持不讓我們通過；就看著大石頭在老婆婆背後沒多遠處，硬生生地打壞路面，接著又有一堆大小土石如雨般落下，完全阻擋去路；老婆婆不爲所動，還慈祥地引導我們後退，更準備礦泉水、飲料跟茶葉蛋招待我們。

礦泉水？飲料？茶葉蛋？這……咦？不就是昨天那個老婆婆嗎？每個同仁都點頭，全夢到那位老婆婆對著他們微笑，唯獨我沒夢到。

「小楊」猛然想起，昨天我們第二次要往景點 B 走山路時，遇到警察告訴我們土石崩塌的時間點；如果我們沒有折返把錢送回去，車仍然繼續沿著山路開，如此估算，**很有可能就在途中、那個時間點上，遭到活埋或墜溪意外！**大夥們搶著打開電視看晨間新聞，才知道有四輛車、九人被埋受困，據說已經搶救出七人，皆無生命徵象，另有兩人下落不明；至於有沒有其他車輛墜落百米深淵，警消跟救難人員還在搜索確認當中，希望不會有……。

每個人都看呆了，更覺得不寒而慄！「小楊」提議大家趕快吃完早飯，先去景點B把外景拍完後，繞回景點A，看看那個老婆婆還在不在，該跟人家道謝。這一提議，大家全都贊成，於是一堆人七手八腳梳洗、用餐完畢，車發動還沒熱著，大家全都坐好，急著衝出旅店。

結束最後景點B拍攝行程，約莫中午時分，沒人敢喊肚子餓，咱們外景隊急著折回景點A。抵達後，任憑我們怎麼找、怎麼問，就是找不到那個老婆婆在哪！只有在景點A不遠處的一棵大樹下，看到有座土地公廟，土地公長相並無特別之處，就是一般留著長長的白鬍子，慈眉善目狀，可是旁邊卻有土地婆神像，而且竟然跟那位老婆婆長得非常神似，還會對著我眨眼睛笑耶！當然，其他人看不到，只有我這種通靈人，才曉得其中奧妙。

我們每個人都下車，雙手合十，跪下虔誠膜拜，感謝老婆婆庇佑。說也奇怪，從那間土地公廟啓程之後，一路上不但沒遇到塞車，連紅燈都沒碰見！這種機率可眞是少之又少，就這樣順暢地開回臺北，比平常所需時間少了一小時以上。甚至到公司地下室停車場入口，本來平時都要等上兩三分鐘，才有管理員按綠燈開道，但這回，居然還沒到入口處，綠燈就已經等著我們；我們忙著問管理員怎麼回事，他也說不出個所以然，只是在「無意識」情況下，順手就把綠燈給打開，壓根兒都不曉得有沒有車在外頭準備開進來。

回到辦公室整理裝備，「小楊」拍拍我的肩膀，跟我道歉，說昨天不該在折返時跟我嘔氣；我則是笑笑，表示無所謂啦！如果換成是我，當下恐怕也會「很幹」，所以別放在心上。

沒過多久，公司會計部門公布資料，就各節目報帳的完整、正確、速度、控管，舉辦考核競賽的成績發表。我製作的這個節目，報帳品質不錯，得到第三名，而且還獲得八百塊錢獎金！

八百塊錢？這個數字讓我馬上敏感起來，不過還是很高興。領完獎金，我帶著其他八位工作同仁，到公司附近餐廳吃個簡餐慶祝慶祝，慰勞大家的辛苦，後來結帳是一千六百塊錢，我自己又倒貼八百塊錢。

儘管如此，我還是很高興，至少心裡有一種舒暢快感，畢竟沒有貪人家一分一毫，還能有這樣的福報，眞的好滿足。

其實經過這麼多年，我對這件事有些新想法：這會不會是**神明在考核我的誠實與堅持？**

當時完全沒想到這點，直到今天回憶這段往事，心裡思考再三，總覺得似乎有些道理，因爲有太多不可思議的情境。無論是攝影機突發故障、自己發了一頓莫名其妙的脾氣、坍方時間、大家夢到同件事、看到土地婆、死亡人數（後來證實是九人，和我們團隊人數相同）等等。儘管有高人告訴我，土地婆只是陪伴在土地公旁邊，凡事皆以土地公爲主，自身並沒有行使神權機會，故應與神明無涉；但我越來越相信，彼此之間是有其關聯性，而且也因爲這件事，我更加篤信身爲陽世間的「人」，還是循規蹈矩，別去貪圖不屬於自身的錢財物品爲宜，或許冥冥之中，老天爺也正在不斷出考題，所以還是老實點、別貪婪，至少這道考題我是過了關。

喜事幻影

臺灣天災人禍頻傳，讓全臺民眾內心或多或少都有些戒慎恐懼。對通靈人來說，「福」與「禍」兩字本體互有包容，遠遠看去還有些相似咧！你就知道老祖宗早有明訓，要你**得意時勿忘形**，**悲傷時勿失志**，反正禍福難料，撲朔迷離，你可能覺得是禍，其實是福，或者恰巧相反。話說，你不也會背出「山窮水盡疑無路，柳暗花明又一村」這類詞句嗎？

因此，通靈人必須強迫自己看透許多人間事，盡量讓自己平靜，不被外界紛爭所擾；這當然極不容易，畢竟我們也是人，要面對所有狀況都能不動聲色，內心平靜無波，那簡直是**神人**等級。修練過程中難免「破功」，如果顯現出一般人常有的情緒反應，無論恐懼還是憤怒，這些皆不甚得體，還必須再三加強磨練。特別是通靈人常會看到一般人所無法窺見的「風景」，你要說「羨慕」也好、「寧可看不到」也罷，總之不是所有通靈人都喜歡這樣，對於具有這般「天賦異稟」，好些通靈人其實是很無奈的，因爲常把我們嚇得半死，卻必須鎮定；有時又會氣得七竅生煙，但臉色不能顯現。

不過隨著地球磁場變動、魔域擴張，諸神苦思對抗之餘，讓現在越來越多平凡人，開始具有**通天眼**本領，「通」什麼呢？就是以往看不見的「另一種世界」，現在逐漸可看見了，但這跟「天」並無關聯，只是要讓你瞭解，這個世界被魔域力量滲透的嚴重性，籲請提高警覺。倘若你突然具備這樣的本領，以爲「從此與神佛更接近」，高興得要命，那其實是你想太多，而且之後恐怕還需要按捺住恐懼，去接受這種情境，這下有些人可能要卻步了；至於我，我倒覺得怕歸怕，若能事先趨吉避凶，也未必是壞事，就看你怎麼思考。

好啦！廢話太多，來說故事吧。

近年來逐漸增多「體質轉換」的駕駛人，開車時偶爾會看到「不屬於陽間」的景象，像是「鬼擋牆」幻覺，或者靈體到處遊走；也曾有靈體直接擋在車輛前方，造成駕駛人措手不及急煞車，導致後方車輛追撞等意外。說是無心也好、惡作劇也罷，遇到這種特殊情境，大家總是感覺晦氣、衰尾，還是別碰到爲妙。

如果你刻板印象認爲，靈體只會閒閒沒事到處遊走，那也不對，因爲陽間人有事務要忙，陰間「人」當然也有該處理的「功課」。諸如陽間婚事喜慶，陰間照樣有！

某條在網路上討論度極熱、相當出名的公路，過去滿山遍野全是亂葬崗，自從開路之後，山坡地綠化有成，看起來一望無際，相當舒適，但如果把車窗搖下，灌進來的風可就不對勁了。我當然不能告訴你位置，不過可以給個提示：如果即使在攝氏三十多度、天空無雲的大太陽底下，讓風吹進車子，當你感覺吹進來的風比冷氣還冷、陰涼到令人不適、毛骨悚然時，那麼就得提高警覺，這地方「可沒這麼簡單」，最好辦法就是速速通過，不必唸佛號咒語，反正別想太多即是。

有意思的是，已經有好多個駕駛人指稱，三更半夜從這路段通過，竟有「人潮」在路邊護欄外的緩坡上「辦喜酒」耶！而且規模盛大，燈火通明，「人」聲鼎沸！因爲這個路段晚間沒照明，駕駛人又得專注開車，所以只能用眼角瞄到紅布與燈泡綿延數百公尺，好多「人」準備進場！不過，即使「喜宴現場」上百盞燈泡都打開，亮光竟然都無法投射到路面上，依舊一片黑暗，只能靠車燈指引前方，情境相當奇怪。

這種特殊的「路邊喜宴」，並不是人人都看得到。我有位友人帶著太太夜遊行經該路段，他遠遠指著「那個地方」好多「人」在幹嘛，太太則是一臉疑惑地看了又看，不解地回應：「你是看到啥？不都是暗摸摸的一片嗎？」兩人爲了「有沒有看到什麼」爭執不下，等聽完我解釋後才知道，原來先生具有特殊體質，可以看到某些特殊景象，但這並不表示對個人、運勢、家庭有必然或相對影響，當然，別看到比較好，畢竟專心開車比什麼都重要。

眞有「陰間喜宴」？沒騙你。我少年時就曾在半夜，被「吹狗螺」吵醒，兩眼朦朧間打開窗子，就眞的瞧見平時熱鬧的街市、深夜裡毫無人車，卻出現綿延大約半公里長、完全無聲的「迎娶陣仗」！這是夢境嗎？絕對不是，因爲我被嚇得沒辦法睡！爲什麼？因爲陣仗中所有的「人」全都看不到臉孔，更恐怖的是，吹嗩吶、敲鑼打鼓的「人」動作賣力，但……一丁點聲音都聽不到，只剩「吹狗螺」的聲音叫人聽得嚇到腿軟！至於坐在轎子裡的是哪位「新娘子」，長得如何，已經不重要了，因爲我根本沒辦法再看下去！

怪啦！不是只有喪事場合狗才「吹螺」嗎？怎麼連「喜事」也有啊？

次日一早開始，我連發幾天高燒，渾身軟趴趴無力，病到快沒辦法上學，還是死撐活撐拖著病體硬要去，若不是爲了爭「全勤獎」，我身體痠痛到眞想去死！後來拖到沒辦法，被母親拎著前往附近診所看病，聽一旁幾個帶小孩來看病的三姑六婆閒聊，終於曉得那晚「吹狗螺」，其實是另一條街上某某長輩的孩子跟情人殉情死亡，兩方父母原本僵持不下，最終實在沒辦法，商討多次後同意辦冥婚。奇怪的是，儀式明明在白天就辦完，哪來半夜「迎娶」？

我確信自己不是唯一看到「迎娶陣仗」的人，因爲旁邊還有個大姊姊，當晚也親眼看過，覺得暈眩不舒服而來求診。聽她們幾個人活靈活現地講述當晚所見情況，我嚇到忍不住在候診間吐了一地！但說也奇怪，一吐完，人就好了。只是不好意思煩擾護士小姐擦地板，我還跟著一起清理收拾，認識我的醫生還特別過來關心，確定沒事才放我回家，壓根兒都不曉得我是怎麼好的。

看到另一個世界「嫁娶喜宴」景象，對陽世間的人而言，到底好或不好、是否影響運勢，各界其實有所爭論。我個人認爲**老少不宜**，能不看就別看，就如同走在街上看到喪事、法會一樣，最好避開，以免惹來沖煞撞邪。這幾年來由於網路「直播」熱，竟然有「不怕死」的年輕人，什麼題材不好找，竟然拿臺灣中部爲上吊身亡者辦理的「送肉粽」去煞儀式，當成夜半開「直播」的主題，還有上千網友熬夜觀賞討論！我除了搖頭，只有祈禱大家別出事（在本書中也另有專篇〈好奇別亂看「送肉粽」〉說明）。

關於陰間嫁娶，如果你還看不過癮，再告訴你一個相關案例。

話說中南部鄉下不少臺鐵車站，由於商業活動貧乏，加上人口外移等因素，不少都已經降級爲「無人簡易站」，甚至遭到裁撤。昔日車站前廣場，總有計程車排班等候下火車客人轉乘的繁榮景象，早已逐漸消失。

有個阿榮伯，在這個小車站前當個攬客計程車駕駛，早已超過三十年資歷。想當時剛入這行，車站前叫計程車返家的客人還眞不少，只是隨著大家經濟狀況改善，買車鄉民變多，不再全然依賴鐵路運輸，他的生意連帶開始受到影響；當然還有誇張的人口移出數，好像大家都約好要搬到城市去過活一般，讓這個純樸小村變得更加「純樸」，一眼望去只有老人過街，也更加寂寞了。

他以往一天跑十幾趟車不成問題，如今一天能跑個兩趟算祖宗積德，有時可能連油錢還不夠貼！就跟這村子的火車站一樣，從有站長、站務員駐守的規模，變到今天連個站務員都不剩，成了無人看管的簡易站。好在阿榮伯和妻子想得開，把開計程車當「餘興節目」打發時間，反正孩子都已成年，嫁人的嫁人，到都市謀生的也早就去了，沒有什麼好牽掛。

這天，阿榮伯本來想晚上七、八點，把妻子幫他準備的便當吃一吃，就回家休息，不過妻子晚上還要去農會產銷單位加班賺外快，他想到回家只能看電視，一樣很無聊，乾脆跟車站「僅存的」另一個同業老弟聊政治、八卦，一時忘了幾點鐘，等到開始打哈欠時才知道，竟然聊到快十一點！十一點三分有末班南下電聯車即將靠站，阿榮伯想想，乾脆就等這末班車走了，如果沒有旅客要叫車，那就回家去吧。至於那個老弟，還笑阿榮伯別這麼「敬業」，晚上都這麼晚，「魔神仔」才會叫車咧！三兩下就把車開走，撂下「再見」兩字，早早打烊去也。

阿榮伯很清楚平常日子，在這個夜闌人靜的時分，很少有旅客從火車站走出來，就算有，頂多小貓一兩隻，大多住在車站附近，叫車機率微乎其微。但這一天晚上，當電聯車離站後，他望望空無一人的車站裡頭，竟然有人影逐漸浮現，他眼睛一亮，預感可能有生意上門。

果然，是個盛裝打扮、穿著大紅衣袍、濃妝豔抹的妙齡女子。她看到阿榮伯的車，喜出望外，三步併兩步快步上前，還迎面招手叫著「阿榮伯！阿榮伯！」，讓他有些詫異。

「阿榮伯！你不記得我啦？」這個女孩跑到他面前，「我是隔壁村的阿珠妹啦！」

「阿珠妹？」阿榮伯皺了下眉，想起來。「啊呀！是妳啊！好久不見，打扮得這樣水噹噹，差點就認不出來！」

這位「阿珠妹」，是隔壁村村長的掌上明珠。當年她考上縣裡的第一志願高中，位於縣內第一大城市，距離鄉下還挺遠的；村長疼女兒，捨不得她騎腳踏車，每天都是叫阿榮伯的車，載著她往返家裡與火車站，然後「阿珠妹」再跟同學會合，結伴搭火車上下學。

村長家祖產多，算村裡「好野人」，家裡改建成豪華別墅相當富麗；儘管離火車站不遠，開車大約五分鐘，每天算下來車資同樣不多，不過阿榮伯樂得多賺一筆小外快，慢慢也跟這家人熟起來。他還曾受「阿珠妹」父母之邀，到別墅唱過卡啦ＯＫ；只是後來隨著「阿珠妹」考上大學、到臺北唸書後，就不再需要「專車接送」，而且說過只騎腳踏車、「絕不開車」的村長，後來覺得鄉下沒車實在太不方便，更沒面子，最後連自己都買車，不再叫車，阿榮伯也就漸漸和這家人疏遠。

「阿珠妹，妳不是在臺北唸大學嗎？現在又不是寒暑假，也不是週休二日，妳回來做什麼？而且回來就回來，這麼晚了，沒叫你爸來載嗎？還有，又不是冬天，穿這麼厚重的禮服、像個新娘子幹嘛?我還以爲妳要回來到廟會唱大戲咧!哈哈哈!」阿榮伯想逗她笑,可是「阿珠妹」從上了車之後,似乎沒有太多回應,只是冷冷「嗯」個幾聲,讓阿榮伯覺得有些自討沒趣。

車很快就開到別墅,「阿珠妹」下車特別拿兩百塊錢給阿榮伯,說不必找了。眼尖的阿榮伯看到她小腹微凸,本來以爲她是不是唸大學懶得動,每天窩在書桌前,所以才變胖;但是看她樣子,又好像有孕在身……喔!不不不,這樣臆測很不道德,畢竟人家可是個正正經經的好女孩,這樣把人家污名化很不好,特別在這種純樸鄉間,要是亂講亂傳謠言,會傷人名節的。

把車開回家後,阿榮伯的妻子剛好從農會工廠回來。她說,剛才走路經過美容院,老闆娘說家裡跳電,冷氣又壞了,屋子裡熱到睡不著,於是坐在騎樓小聊片刻,正好聊到隔壁村長家的事。

「隔壁村長?」阿榮伯低頭點起菸,再抬頭,「眞巧,我剛才就載他女兒,就是那個考上大學的阿珠妹啊,剛載她回她家。」

「**什麼?**」妻子大叫一聲,讓阿榮伯嘴上叼的菸差點掉下,皺眉罵她:「靠夭!啥小啦！」但妻子望著阿榮伯，一雙眼睛瞪得老大。

「你說那個阿珠妹？」妻子回過頭來質疑阿榮伯，阿榮伯還莫名其妙地回瞪她，覺得「你這女人是怎麼啦」，如此大驚小怪，但妻子不可置信地看著他，趕緊把聽來的事轉述一番。

妻子聽美容院老闆娘說，就是隔壁村長家的那個女兒「阿珠妹」，到臺北唸大學，因爲性格單純，不明世事險惡，交了個同校的花心男友，以爲遇到眞命天子，後來肚子被搞大了，男友卻移情別戀，所以她負氣又徬徨，在不知道該怎麼辦的情況下，不久前從學校頂樓跳下，當場斃命，轟動整個校園！事情傳開，男方家人始終不願出面，逼得女方家長決心要周旋到底，直到最近才終於達成協議，而且昨天男方也迎娶女方牌位回家。拜託喔，你哪有可能還載到「阿珠妹」？認錯人了吧！

阿榮伯聽得一臉疑惑。「阿珠妹」自殺？亂講！根本「無影無隻」（不是事實）啦！剛才明明就載她回家，難不成昨天冥婚，今天「歸寧」，回娘家不成？妳們這群婦人家很亂來耶！亂傳這種話，犯口舌，當心被天公伯跟佛祖雷劈！

夫妻倆開始嘔氣，彼此不理。阿榮伯想想，反正在氣頭上，一下子睡不著，先把車子整理一下好了，於是回到車上，一手拿著抹布擦拭車裡車外，一邊回想剛才看到「阿珠妹」肚子變大的情境，他開始覺得不太對勁，繼而想想怎麼可能？阿榮伯的妻子則是望著門外擦車的先生，兩手叉在胸前，怒氣未消地瞪著。

不一會兒，輪到阿榮伯大叫，把妻子嚇了一跳，趕緊衝出門外。

阿榮伯望著駕駛座旁邊，呆立不動，手指著駕駛座旁，喃喃自語地吐出幾個字：「剛才收的兩百塊車錢……這……這……」妻子把頭伸到車門邊，往駕駛座方向一看，兩人同樣都捂著嘴，不敢相信。

哪來的兩百塊錢？**就只有兩張冥紙，靜靜地躺在車裡的椅子上。**

夜半公路不速之客

「誠仔」是個青農，不過應該算是「資深青農」，因爲他務農已經超過二十年，在臺東、蘭陽平原開墾了不少田地。不論養雞、養鴨、養豬，或者耕作溫泉蔬菜，以及栽種果樹，他像一具從不休息的馬達，除了吃飯睡覺以外，大部分時間都在田園中辛勤工作，全年似乎沒有什麼週休二日。他的皮膚曬成古銅色，跟陸戰隊蛙人還滿像的，如果不露出白牙，根本看不到「臉在哪裡」，所以咱們朋友每回相見，都叫他綽號「黑青蛙」，久而久之都快忘了他本名姓啥叫啥。

除了耕作，他還常在夜半載著蔬果運往外地市場。話說這天，他那輛不知多少噸重的大貨車，反正很「大隻」就是了，剛剛進廠保養完畢；他開著車回家，覺得馬力比以前更強，開得更順，臉上神情也就更踏實、更得意了。

這天凌晨，他的車裝了滿箱滿籮蔬菜，預備開往數十公里外的集散點，中途必須走山路——那是眾多網友公認超級「惡名昭彰」的危險公路，眾多「阿飄傳說」更是不脛而走！不過對「誠仔」而言，他開車技術一流，什麼爛道鬼路沒開過？只要能抄近路趕緊把貨開到市場卸下，有鈔票進帳，那就是好路啦！管你「阿飄」多不多？又從來沒見過，哪知是眞的假的。

「誠仔」的太太潛心向佛。爲了他行車安全，每回他開車載貨，都會幫他準備唸經的CD，叫他開車時記得播放；一來聽了安心，再者不會想睡，最後則相信一路唸經、聽經，神明必然保佑，不會有事。

他得意地將蔬果上貨，車子一發動，轟然有力的引擎聲，令他精神抖擻、亢奮不已。話說保養廠老闆是他小學同班同學，特別誇耀還帶聲明，要是引擎保養得不夠理想，叫「誠仔」開回來，一定免費保養到滿意爲止，而且還可以把他的頭剁下來給「誠仔」當球踢，可見得有多自信滿滿。

車子即將離開平原，逐漸爬坡開往山路，「誠仔」也把CD放進車內音響，頓時整個駕駛座全是唸經的音樂聲，讓他既安心又放鬆。不過才不到五分鐘時間，車子開始進入髮夾彎、急轉彎與上坡路段時，他忽然開始感覺這車……似乎有點「力不從心」。

「咦？搞什麼鬼啊？」他自言自語地望著駕駛座儀表板，「剛才不是很衝嗎？怎麼一到了上坡就開始沒力呀？奇怪咧！」

他邊哼著經文音樂，邊試試看用什麼方式讓油門「一路催落去」，要不然這種「要死不活」的馬力，滿載著蔬果，拖到天亮才送到市場，那根本白搭，也不用賣了。

然而，他試了好幾種方法，馬力始終不見提升，「誠仔」納悶到底車子哪個環節出問題？於是，他把車停到路邊，帶著手電筒下車，瞧瞧車子怎麼回事。

在這個毫無人煙的山路上，山嵐漸起，四周一片寂靜，月色被烏雲所遮，一片漆黑，只剩他這輛車的車燈照明，以及放得震天價響的唸經音樂，還有引擎聲伴奏，雖然有些吵，但說一點兒也不會「毛毛的」其實是騙人，只是「誠仔」覺得，不過就是工作嘛，自己又沒害人，心安理得，不應該感到恐懼才對。

他察看車子底盤、踢踢輪胎，一切安好，未見漏油漏水什麼的，讓他不解地搖搖頭，繼續開車上路。只是面對前方坡度更陡路段，讓他越來越覺得這車眞的「太不夠力」啊，簡直比老牛馱著一堆貨物前進還吃力耶！

這種狀況實在令他受不了。在這段至少七、八百公尺的上坡路段，儘管車裡還在播放著唸經音樂，讓他開始憋不住脾氣破口大罵，手握著駕駛盤不停拍打，覺得這車今天怎麼回事啊?等他從果菜市場開回來，一定要去跟保養廠老闆大聲抗議，怎麼可以亂「坑」自己同學咧?這車根本就沒保養好嘛!馬力比之前還爛上百倍。

等到他稍稍抬頭，看著駕駛座的照後鏡，他突然眼睛瞪得好大好大，不敢相信映入眼簾的，居然是令人驚駭的恐怖景象!

原來，他從鏡子中發現，後頭載運的一箱箱蔬果上頭，**竟然坐滿甚至溢出「數不清的「人」**!天啊!每個不是缺臂斷足，就是頭上好幾個洞，還淌著血不斷流下!另有一群沒眼珠子的「人」，兩眼空洞、臉色蒼白，像個外星人似的，正好奇地朝著駕駛座張望，嚇得他瞬間頭皮發麻，只差沒跳車逃逸!但仍故作鎮定地抓穩方向盤，強迫自己不當一回事。

他曾經問過我，開車時可不可以放唸經音樂?我建議他最好不要，理由是路邊孤魂野鬼可能以爲這輛車是要來「渡化」的，會一直跟過來，對這輛車和主人而言其實不利；然而，他老婆卻反駁，人家佛堂裡師兄師姐都說，開車最好一直放著唸經音樂，越大聲越好，如此方可「上達天聽」，神明才會一路保佑平安，要是不放出聲音，那才眞的是「有鬼」哪！

「誠仔」當然聽老婆的，畢竟「聽某嘴，大富貴」，誰曉得這回碰到這麼恐怖的事！他馬上想起我說過的話，趕緊煞車，然後將CD音樂整個關了，接著把眼睛閉上。

過不知多久，「誠仔」慢慢地把眼睛打開，視線逐漸瞄向照後鏡，後頭除了一箱箱蔬果，原本坐滿的「人」，全部消失不見！趁此機會，他趕緊加足馬力，猛催油門，像逃命似地趕緊向前衝！奇怪的是車子馬力完全恢復，時速回到七、八十公里，且上坡完全正常，衝勁十足。他滿頭大汗地把車一路加速飆向目的地，不管路多彎、多陡，只要趕緊逃離這個「鬼地方」就好，其他的都不求了，就算到時被測速照相開罰單也心甘情願。

當他把車開到市場，竟然比平常時間提早將近二十分鐘，只是整個人幾乎虛脫、發抖，講話語無倫次，但起碼人貨均安，乃不幸中之大幸。裡頭有個與「誠仔」熟識的老管理員，看他臉色蒼白，問他還好嗎？是不是感冒了？但「誠仔」喘了半天，不曉得該怎麼形容剛才所見所聞；那位老管理員不愧資深，除了端詳「誠仔」樣子，再看看後頭的蔬果貨物，大概心中有底，知道「誠仔」可能中邪了，馬上回到辦公室拿出幾樣器物，對著車與人揮舞，口中唸唸有詞，引起其他盤商好奇探望。不久之後，「誠仔」終於恢復正常，神智也清楚了，連忙向老管理員致謝。

「不用謝，不用謝，小 case 啦！」老管理員露出整排金牙，笑著對「誠仔」說：「你剛才是不是開『那條公路』？你車後頭一箱箱的貨有被壓到痕跡，雖然並不嚴重，但我一看就曉得，**你載了『不少人』喔！**」

「誠仔」一聽，大驚失色，連忙回應自己又不害人，又不做虧心事，這群「阿飄」幹嘛死跟著他啊？老管理員仍然微笑著，爬上他的駕駛座，看到他車內音響有唸經的CD，告訴他說，其實啊，開車不需要播放這樣的音樂，你心裡有佛、虔誠就行，不用放出聲音，自己也不要唸出聲音，以免那些孤魂野鬼跟著你一起上路，怕就怕你沒「渡」到「他們」，自己就先被「帶走」！幸好沒爆胎、沒「犁田」出事，眞是命大啊！

這話又讓「誠仔」嚇出一身冷汗，老管理員拍拍他，叫他別怕。不過上個月也有個中部司機，一上車也是放著某某經文音樂，不但在國道上爆胎，方向盤還重到扳不動，結果整輛車差點衝出道路，還好只是車頭跟車尾打橫翻倒，造成國道路段整個被堵，沒出人命已經很幸運了，只是車上一箱箱雞蛋摔破、散落一地，太陽升起就開始發臭，這點算「稍微」比較糟糕而已，整體來說，就是祖宗積德庇佑啦。

「誠仔」問老管理員，他開的那條山路，怎會有那麼多孤魂野鬼啊？老管理員再次咧嘴大笑，笑罵「誠仔」每天忙農事還真是忙到呆，都不看新聞的；你難道不曉得那條公路上，一天到晚常發生死亡車禍嗎？騎機車的傢伙愛耍帥，老是過彎壓車，結果不是腦袋分家，就是被對向車輾個正著，要不然一路滑向山谷，直接就升天去也。再加上從以前到現在，多少死於非命的駕駛人、乘客，亡靈沒被收走就滯留原地。你想想這裡孤魂野鬼多不多？

或許「誠仔」還眞的沒啥概念，不斷嘖嘖稱奇，老管理員等他所有事情辦妥，也差不多要交班，再次提醒他，不管以後遇到什麼特殊狀況，心中默唸向神明求助，別一直大聲嚷嚷就是。「誠仔」謝過這位熱心夥伴，彷彿學到一課，在吃過早餐、調整好情緒後，再把車沿著原路開回家；不過因爲已是白天，雙向車流漸增，所有恐懼感雖慢慢消逝，但手還是微微顫抖，顯然嚇得可不輕，回到家還發燒了兩三天後，才恢復正常。

其實不管在哪條公路上，即使是繁華市區裡，大多數路段幾乎都有發生過死亡車禍的「痕跡」，也常發現許多在此車禍往生者，由於各種因素，亡靈未能收走或引導，只能停留在現場及附近；就個人觀察來看，若有唸經聲傳來，很容易吸引這些「無形」聚集，就如同辦理宗教法會，常會聚集這類「無形」前來是相同道理，然而一旦聚集，磁場恐怕變異，可能容易產生無法預知的後果。

以此類推，有時在車禍現場、災難現場，當看到有人雙手合十、不斷高聲唸佛號祈求老天保佑，我都會上前勸阻，請其默唸爲宜，不要出聲。儘管我知道這些朋友出發點是良善的，但在這種亂世年代，妖魔鬼怪到處都是，可別幫助不到別人，反而惹上更多邪魔靠近，弄巧成拙將更加麻煩。

當然，我這樣寫，必然會遭到不少專家抗議，認爲**不唸出聲來，神明怎會聽見、進而協助？**我剛才也說了，在現今大氣環境這麼多魔域惡靈充斥下，你怎知唸出來後，是招來神明還是更多孤魂？既然神明法力無邊，**以默唸方式，相對上應該更安全，且效果相同才對**；只是對於「必須要大聲唸出經文」的傳統說法，我抱持尊重態度，可是就過去至今的觀察與體會經驗，一般人若無具備法力，覺得最好還是別唸出來，以心靈溝通較爲妥當。

「誠仔」後來告訴我，他在網路上看到有篇報導，說某國科學家去測量「一個人的靈體到底有多重？」，推斷出的答案是0.8公斤，到底是眞是假？我呢，不置可否，因爲從未實證，也完全不想去「測量」（幾乎都是一團霧，這該怎麼量？況且量這個要幹嘛？吃飽撐著耍無聊嗎？）。他拿出紙和筆，以及計算機，開始列出他車子最大載重是多少噸，接著，如果會讓他的車幾乎載不動，那當時後頭載的「人」，每位以0.8公斤計算，應該一共有多少「人」在車子後頭的貨架上……。

望著他認真模樣，我只有笑著搖搖頭，罵他沒事找事，算這種無聊答案毫無意義。其實在這背後，我真的爲他捏把冷汗，能夠平安無事真是萬幸啊！畢竟在他遭遇危急的當下，那輛貨車說不定並非來載貨，而是變成接引他進入冥界陰間、類似「幽靈船」功能的工具，那可就慘了。

倒是在此之後，他太太給他的唸經CD，被他悄悄放進家中神龕下的櫥櫃裡，再也沒拿出來。

意外驚嚇與驚喜

某次連假，朋友問我要不要坐他剛買的新車去兜風？我這個人不開車，但挺喜歡搭車到處亂晃，當然滿口說好。或許因爲是全新的，他的車裡頭充滿皮革臭味，但這都不構成任何問題。於是，咱們從臺北經陽金公路到金山，又跑到淡水，再沿著海邊開到桃園竹圍附近，然後上國道二號。

朋友越開越上癮，興奮到完全不累，可是走錯匝道口，於是一路往南，加上車內音響超級震撼，藍天白雲、涼風吹拂，舒服暢快得很，根本捨不得停下來；等到兩人回神恍然大悟時，車已經開到彰化雲林去啦！

跑遠了，趕緊回頭吧。由於是假期尾聲，南下國道順暢，但北上路段壅塞程度超乎想像，當車從交流道轉向北返，上了主線，看到前方「綿延無盡期」的車龍時，兩人開始唉聲嘆氣，這下子回臺北不曉得要耗掉多少時間。

車流壅塞程度超乎想像，長達半小時以上，時速不超過二十公里，更糟糕的是，我們前方竟然挨著一輛用大貨卡充當的靈車，而且**木製棺材就大剌剌地暴露在我們眼前！**兩旁還有家屬穿著喪服，看來是要準備安葬。

朋友看了大驚，心裡好毛，很想變換車道，但在這種塞到動彈不得的節骨眼上，別說換車道，連動都不能動。怎麼辦呢？我們就這樣近距離對著棺材和家屬，說是乾瞪眼或無奈也好，嚇得半死也罷，反正五味雜陳，只求棺材蓋別打開就好。

假期試車兜風本來是件開心事，遇到這種「叫天天不應、叫地地不靈」的糗事，還閃都閃不掉咧！旁邊車輛駕駛大概也覺得晦氣，當靈車向前挪動一點點時，他們則是想辦法敬而遠之，偏偏咱們這個車道與鄰近車道，車跟車黏貼得夠緊，幾乎連個縫隙都難插入。朋友心想當靈車緩緩往前時，他原地不動，看會不會有其他車道的車輛插進來，至少別緊貼在靈車後頭就好；不過大家都是聰明人，這招毫無效果，我看到好像有駕駛人對我們寄予無限同情，也有人對著咱們指指點點、吃吃偷笑。

長達二十多分鐘時間，只要把眼睛張開，就是棺材、喪家、棺材、喪家、一下子近、一下子稍遠。我注意到這些參加送葬的家屬，似乎沒有什麼悲傷情緒，人手一機正在低頭滑著，其中幾個年輕人還相互笑鬧討論手機裡的內容！是無聊到打線上遊戲嗎？這種肅穆場合還玩手機，不管棺材裡躺的是誰，大概都會覺得很悲哀怨嘆吧？

更何況，下葬或火化是要看時辰的，塞車塞成這副德性，他們喪家都不緊張？

好啦，反正人家不急，我們幫忙著急有個屁用？我只想著趕快飆回臺北，至少先遠離這輛靈車，畢竟有夠「震撼」。

但就在此時，我與朋友眼睛突然瞪得好大，因爲眞的有人從棺材裡爬出來！是個老先生。那比日本電影「貞子」從電視機裡爬出來的場景還要震撼百倍，我發誓絕不蓋你！

於此也暫且先說明一下：我這種業餘通靈人，雖然看得到「某種世界的景象」，但我這位朋友在一般狀況下是看不到的，只是在這當下，兩人竟然同時看到令人驚駭的情境，簡直不可思議！還好在這瞬間車是停著的，否則開在路上，一定會嚇到翻車！畢竟這畫面太經典、卻也太荒謬了。

眼前是個老先生站在棺木上，嘴巴不斷唸唸有詞，似乎對圍繞在棺材旁的這些「子孫」（我猜的）很有意見。我們不曉得「他」在唸啥、聽不到，但看得出來，老人家對旁邊的這些人非常不滿。

是老人家生前大家就已經不敬？還是為了家產各懷鬼胎？或者人都掛了、快下葬了，大家竟然還在滑手機？猜了半天，朋友不耐煩地叫我閉嘴，罵我編劇編久了，職業病一大堆，這個時候還不趕快想著衝出重圍，而且又看到這麼恐怖的畫面，天哪！簡直折磨人啊！

還有，朋友似乎有些尿急，剛剛看到老人家「爬」出來時，嚇到差點「閃尿」。我叫他把剛剛喝完的可樂瓶子當尿壺，自行解決去，他又不要，在那裡焦躁個半天也不是辦法。

又過了十分鐘，車龍依然塞著沒動，從照後鏡看到有不知情的駕駛人把車門打開透透風，映入眼簾的竟是不遠處有具大棺材，嚇得趕緊躲回車裡。

此時，老先生的靈魂突然「放大」，在我們擋風玻璃前變得好大一團，對著我們說話。這回只有我聽到「他」在說什麼，朋友則是再度瞪大眼睛，嚇呆了，一動也不動。

老先生說，謝謝我們聽他發完牢騷，不好意思嚇到我們，還叫我們不要急，五分鐘以後車流就會逐漸順暢，同時為了「答謝」（答謝？我們剛才既沒聽到又沒做啥），建議我們待會兒先下前方交流道，向右開六百公尺，在紅綠燈旁有家外觀爛爛的小彩券行，不妨破財花錢買張刮刮樂除穢氣吧，哪一種的都好，絕對不會失望。」說完，放大的靈魂如棉花糖煙霧迅速飄散，很快地消失無蹤，活像「阿拉丁神燈」。

我把剛才聽到的轉述給朋友聽，他已經嚇到語無倫次。此時，說也奇怪，車流開始移動了，朋友也趕緊回神過來，但對於我的轉述毫無回應。當車流逐漸順暢時，他錯過交流道沒下去，就這樣一路開車筆直往北衝。

「喂喂喂！」我急了，「你剛才沒聽到我的轉述嗎？老人家說現在就要下交流道啦。」

「我管『他』說什麼！趕緊先救我自己比較重要啦！」他大吼嚇了我一跳，他指著他的褲襠，這下才發現，他已經尿出來啦！褲子大半濕答答。

「X！剛才被那老人家嚇到，本來膀胱都快爆了，這下子整個……唉！我先找到休息站處理再說！」我這朋友交情多年，也不怕我笑，恰巧距離休息站還有兩公里的藍色牌子就在眼前，他加足馬力快步奔馳，沒想到跟他一樣「尿崩」或即將「洩洪」的用路人挺多的，這下子主線沒怎麼塞，反而進休息站匝道再度大排長龍，他實在受不了，乾脆停在路肩，警察要開罰單就讓他開吧！他則是從後座拿出一包東西，開了車門直衝休息站廁所。

還好，在警察還沒來開單前，他已經快速衝回，還換了條新褲子，又從後座拿出抹布擦拭駕駛座墊，再氣定神閒地開車。我糗他還眞有「自知之明」，懂得開車要帶條新褲子，他沒好氣地說，多帶條褲子是爲了跟女友「車震」後可以換啦，笑得我前仰後合。

好啦！諸事搞定。他突然問我，剛才那老人說了啥？於是我再度重述。他想了想，臉色看起來似乎有些財迷心竅，於是車往前開到最近的交流道下去，迴個彎，又重返南下車道狂飆，按照老人家指示的交流道，下去接平面道路、右轉、開六百公尺，看到紅綠燈路口有沒有彩券行。

哈！有耶有耶！兩人都叫了出來。不過這家彩券行哪來破破爛爛？偌大的招牌還閃霓虹燈跟LED跑馬燈，氣派得很，簡直是酒店了。我們面面相覷，猜想是這家嗎？不管了！反正老人家說的，我們就信吧，於是車剛停妥，咱們直衝店裡，趕緊對著上衣胸口開得不能再低的辣妹店員（這到底是在賣彩券還是賣……？），直嚷著我們要買玻璃櫃裡的這張、這張、那張刮刮樂，而且還有沒有最貴的？拿最貴的過來！

於是辣妹總共幫我們拿了四張刮刮樂，面額都在五百元以上，更有一張兩千元的好大一張，據說是過年發行還沒賣掉的，不管，先拿來再說。就這樣，兩個大男人沒去細看辣妹身材，兩眼反而像是燒出紅紅的火把，滿臉貪婪，拿了硬幣開始用力大刮特刮。

結果，兩人花了四千塊錢，刮出一堆「烏龜」——唉！一塊錢都沒中，傻眼至極。

不久之後，朋友和我到隔壁超商買了咖啡，兩人靠在新車旁，一邊喝，一邊無言吹風耍笨。隨著天色逐漸暗下，向晚的風也更加舒適；儘管黃昏彩霞好看，但一瞬間四千塊錢就飛了，雖說一人分攤兩千，說不心疼是騙人的。

「唉！人生啊！」朋友突然間感嘆起來，「很多事情算不準，剛才不應該聽那個老人的話，被拐了。」

這句話讓我不太高興。

「神、鬼、靈魂不會騙人，只有人哪，才會騙人，一定是有什麼地方弄錯了。」我無奈地抓臉，喃喃自語，「應該是有什麼地方弄錯……」

不過當他看著新車，臉上還是浮現滿足表情，望著儀表板自言自語，「今天跑了這麼多這麼遠的地方，又南又北的，里程不少，感覺還算是不錯啦！」

「啊呀！」我腦海突然靈光乍現，大叫起來，「**你剛才說到又南又北！**」

「對啊，怎麼啦？」他望著我。

「剛才老人家說『下交流道後右轉六百公尺』，指的應該是從我們北上車道下去右轉才對，」我解釋，「現在我們從南下交流道下來右轉，位置不就相反了？」

「可是老人家不是說六百公尺紅綠燈口有家彩券行嗎？就這裡啦！」他回答。

「老人家說店面是破破爛爛的，又不是這種氣派的。」我望了望這家跟酒店差不多氣派規模的彩券行，搖搖頭，「要不然現在我們往相反方向開開看？」

朋友半信半疑地點點頭，於是我們修正，照著老人家所指的方位開過去，果然在交流道另一邊六百公尺紅綠燈路口，旁邊有家爛爛的……喔，也不只是爛而已，那家彩券行店面比我們想像中還更小、更不起眼，差點就開過頭。

「這……這家？」朋友有些傻眼。

「要不然咧？」我東張西望，「看來看去就這麼一家了，四邊沒什麼商家，全是住宅區，下車吧。」

我們走了進去，裡頭只有個老先生在顧店，有點面熟，但突然一時想不起來在哪看過，只是牆上壁癌霉味撲鼻而來，感覺不是很舒服。櫥窗裡刮刮樂彩券種類少得可憐，而且有些種類好像都快過了銷售期；老先生親切招呼我們，朋友則是狐疑地望著我。

「眞的要買嗎？」（朋友用唇語問我。）

我點點頭，但看到這些刮刮樂彩券種類，既不連號又不是很新，乍看很難下手，兩人只好拜託老闆，面額一百、兩百的彩券幫我們配配看，湊到一千元好了。畢竟剛剛荷包大失血，那股強勢已經被打得垂頭喪氣。

「啊，少年吔，」老先生對著我們笑，「你們要不要加買XX款，我這一款的每張兩百元，只剩六張，你們就好心幫我，多花一千二買掉，好不好？」

朋友起先並不願意，畢竟錢包本來鼓鼓的，才過個下午就快瘦成皮包骨，若是又刮到一群「該死的烏龜」，那怎麼成？可是我覺得這老人家很誠懇，正好這天我剛領錢，還有些餘款，於是兩人商量好一會兒，決定全買下吧！老人家看著我們，不斷地點頭謝謝我們，只是朋友還是有些不以爲然，失去理智對我碎唸：唉！做生意嘛，搞不好「無奸不成商」，推銷一堆根本就不會中獎的彩券，就專騙我們這種貪財的傻子冤大頭。

兩人在這家店裡又花了兩千二，一人分攤一千一，買下十幾張刮刮樂，就坐在旁邊桌椅上開始「埋頭苦刮」，然而隨著一張張都「槓龜」，朋友的臉更像苦瓜，我呢，只有認命，隱隱感覺這家應該也不太像有財神爺會眷顧的店。

剩下最後兩張，朋友抱怨說，手痠啦，累了，不想刮了，老人家在旁鼓勵他「不刮刮看怎麼知道最後結果」，但朋友搖搖手說，算啦！今天鐵定荷包大失血，算是做功德吧。

這兩張是老先生推薦的ＸＸ款，刮開第一張，終於「開胡」，中了五百！但朋友顯然不感興趣，嘮嘮叨叨抱怨今天虧大了，剛才花四千、現在又兩千二，總共六千二，就算中了五百元能幹嘛？

隨著我默默刮出最後一張、眼睛越瞪越大，朋友連瞧都不瞧我一眼，直到我歡呼「哇喔！哇喔！」時，他才慢慢地轉頭看我，臉色似乎有些不屑。

「這……這……」我開心大叫，「一萬！一萬！一萬！三個相同金額，中一萬！」

他不相信，抓著我的彩券猛瞧，同樣大叫「哇啊！真的耶！」

老先生把彩券接過去看，「喔，恭喜！可是，你還有一個部分沒刮。」

我看了一下，真的，另有一區的彩券沒刮出來，於是抓起硬幣毫不手軟，結果再刮中一千！好個小帳加一，錦上添花。連同前一張中了五百，兩人高興得合不攏嘴。

這一路走來簡直峰迴路轉，可讓我們樂歪了，也把先前虧損的大洞補齊還有賺。扣稅後拿到彩金平分，回程路上朋友提議，乾脆到個可以大快朵頤的「吃貨饕店」享受一下，他買單，如何？我說好啊。不過此時朋友突然想到，他把運動帽放在彩券店裡沒帶走，是名牌出品很貴的，趁還沒走遠，掉頭回店裡拿好了。

車開回店外，換成大嬸在顧店。我沒下車，朋友快速跑步進去，告知自己的運動帽放在椅子上忘了帶走，順便想跟老先生說聲謝謝。大嬸雖然找到帽子交給他，卻不解地問：

「你說哪來的老先生？」

「就剛剛十分鐘之前我們才離開呀！」朋友說，「是他賣給我們彩券的。」

大嬸滿臉疑惑，「我這家店從幾年前開到現在，都只有我跟我妹在顧店啊！她今天休假，所以剛才你們買彩券、中獎、換獎金什麼的，都是我在幫你們弄的啊，哪來老先生？我的臉孔要是你們不熟，也不至於連男的女的、老的小的都分辨不出來吧？太離譜了。」

「不！這，這……」朋友從門口對著我招手，要我下車進來，我還一臉不解，等進去後聽到兩人對話，我連忙解釋，剛才確實是老先生在顧店，絕對沒有眼花。

那位大嬸堅持，剛才我們進來買彩券、中獎、兌獎什麼的，都是她一個人在處理，倒是有些不太高興地說，老娘雖然有點年紀了，但長得還不賴，卻被講成老先生，這像話嗎？你們以爲中了一萬一千多，有錢了不起是吧？最好講清楚喔，否則翻臉！

不想惹事，我們倆連忙道歉，跳上車快步離去。在路上，朋友支支吾吾地問我，剛才我們在買彩券時，有沒有覺得那位老先生面熟？不就是之前在國道上那個**從棺材爬出來的那一位**？

「我正要講呢，你就先說了！」我從心裡打了個寒顫，「或許在那當下，是『他』在指引我們中獎，而且……明明就是這老人家在賣彩券沒錯啊！」（我竟然沒察覺到！）

朋友邊開車邊點頭，倒不認爲邪門，只覺得這件事挺玄的，他要我檢查一下自己皮夾，可別塞滿整個錢包都是冥紙啊！

被他這麼一說，我的心涼了半截，趕緊打開皮夾，幸好正常，全是鈔票。不過朋友堅持，既然此事這麼離奇，錢還是別擺在身上，趕快花掉比較保險。

我同意。於是咱們轉往某個漁港，在餐廳裡狂嗑便宜到爆的新鮮海味，扣除之前虧掉的錢，剩餘獎金全都花個痛快，順便到加油站把油箱加滿、買個點心，花到一塊錢都不剩！只是晚上還是免不了又碰到國道塞車潮，有些美中不足，回到臺北都快半夜，就這樣過了一個驚奇又驚喜的假期。

幾天後，朋友把當天遇到靈車的行車紀錄器畫面傳給我看。從頭到尾都沒啥驚奇，唯有中間一小段畫面，擋風玻璃前方突然間霧氣瀰漫，有短暫五、六秒時間看不見前方，我相信應該是老先生顯靈沒錯；不過，顯靈歸顯靈，竟然指引我們買彩券、還充當「店員」的怪事，我還是頭一回遇到耶！隨你信不信，至少我朋友說，他當時眞的嚇到呆了！然而開車兜風還能有超值海鮮可以飽餐，更沒動用到口袋裡一毛錢，這種「好康」難得有，就別再抱怨啦。

不過我也納悶，漁港那家海鮮餐廳，會不會第二天早上發現，收銀機裡夾雜著**冥紙**或**紙蓮花**啊？

颱風夜的最後晚餐

有一回颱風夜，朋友的妻子叮嚀他，下班後早點回家吃晚飯，因爲氣象局說陸上警報已經發布，沒事趕快回來就對了。彼此說好晚上七點前到家，但拖到晚間九點，朋友仍然不見蹤影！她打了好幾通電話，但我這位朋友並未接電話，直到火大要打第十通的當下，大門終於打開，我的朋友正準備脫鞋子進屋。

「**你死人啊！**晚點回家都不先打電話通知一聲嗎？」朋友的妻子耐不住火爆脾氣，「菜都冷了你知不知道啊？打電話給你又不接！」

朋友沒回應，只是默默地把西裝脫下、掛好，回房把公事包做個整理，只見妻子邊熱菜邊嘮叨，他倒是一句話都不吭，反正這也不是第一回。原來，每次只要太太認爲先生做錯事，絕不讓先生有任何講話餘地，作太太的人一定從頭唸到尾，彼此都習慣了。

外頭狂風驟雨，家裡頭也差不多「陰風怒號」，朋友的妻子嘮叨得也夠久、夠累了；

她將飯菜溫熱，氣呼呼地擱在餐桌上，擦擦手，急忙打開電視追韓劇，不再理會先生。朋友一個人乖乖地坐在飯廳，安靜地把晚飯吃完，收拾碗盤並端到廚房洗好，然後拿起乾淨衣服，進浴室開始洗澡。

看起來到目前爲止，這一切都很正常，沒什麼不對勁——她在客廳裡追韓劇，照例哭得一把眼淚一把鼻涕，浴室傳來嘩啦啦水聲，跟平常完全一樣。

但在此時，電話響起，是這對夫婦都認識、但已經搬走的老鄰居打來的。

這位老鄰居在醫院擔任急診室主任，口氣慌張地告訴她，**她的先生出重大意外**，傷勢嚴重，請她趕快到醫院急診室一趟。

「啊？」朋友的妻子一臉愕然，但繼而「噗嗤」一笑，「搞什麼鬼啊？你說他出意外？他在家好端端的，正在洗澡，出什麼意外？」

電話那一頭傳來嗶嗶的儀器聲響，這位老鄰居口氣急促地解釋，是救護車將她先生送到急診室來的。事故原因據說是行道路樹被強風整棵連根拔起，不偏不倚剛好砸中她先生的車，前方擋風玻璃不但碎裂，而且強烈撞擊之下，剛好壓垮整個駕駛座！目前她先生狀況危急，而且憑脖子上掛的識別證，加上再三辨認臉部——雖然被擠壓得血肉模糊，但確定是她先生沒錯——且鼻梁旁那顆大痣這麼明顯，真的沒看錯人，請她快點來。

「你一定搞錯了吧？到底有沒有看清楚臉長得什麼樣子啊？」朋友的妻子仍覺得這必然是老鄰居在玩「整人遊戲」，可是颱風夜耶，莫名其妙！還耽誤她看韓劇正進入高潮大結局。她握著話筒有些不悅，「我告訴你啊，這颱風天的，他剛才回家，吃過晚飯，還被我訓一頓，就跟他講說要晚點回來吃飯，一定要先打電話！而且啊，我再講一次，現在，他正在洗澡……」

朋友的妻子很自然地把頭一偏，朝浴室門瞧，結果門是開的，燈則關著，沒聽到水聲。她知道她先生洗澡沒這麼快，此時心頭一驚，趕緊把電話拿下來，飛奔到浴室——**沒人在裡頭！**

她開始覺得事有蹊蹺，趕緊查看主臥室、後頭陽臺、廚房、書房……竟然都沒人。

當她皺起眉頭，神色緊張地回到客廳，再拿起話筒時，另一頭已經急得「喂喂喂……」叫不停，催促她趕快去醫院就是，隨後，電話就掛斷了。

她轉頭一看，猛然發現**飯桌上的飯菜，還原封不動地擺著！**這可嚇得她兩眼瞪直，不敢置信，大聲尖叫，呆坐在地上。

過了幾秒，她回過神，有些驚慌失措，本來想打電話向住在中部的公婆求助；公婆正幫她帶三歲多的兒子，這時老小應該還在看電視，但繼而一想，別在這颱風夜裡驚動老人家比較好，更何況打了也沒什麼效果，只是徒增擔憂，還是趕快叫計程車，到醫院看個究竟再說。

很不幸的，颱風夜用電話或ＡＰＰ叫計程車還眞難！她只好速速換裝，奪門而出，冒著風雨在大街上死命地攔車，好不容易才有輛小黃願意載她。更不幸的是，她還沒抵達醫院，朋友就因失血過多，在這個狂風暴雨的恐怖夜裡先走一步！身爲妻子，哪能承受這突然而來的轉變？怎能接受這個事實？況且還沒多久之前，他明明就有回家吃晚飯啊！怎麼急診室說他已經在這裡躺了好幾個小時？不可能啊！時間上根本兜不起來嘛！這不是擺明騙人嗎？可是……那張躺在病床上的臉，眞的是自己先生沒錯，到底是幻覺還是……唉。

她嘆口大氣，理智突然斷線，跌坐在病床旁邊號啕大哭，醫護人員趕緊前來安慰攙扶，這位老鄰居則是嘆氣，簡單交代同事們幫忙家屬處理後續事宜。

這是科幻或神怪故事嗎？在我看來，都不是。

我想，朋友在事發前，確實開車急著返家，但肉身遭遇重大衝擊後，靈魂仍然懸念著要回來吃飯，故跳脫肉身，一切動作照平日沒變，只是朋友的妻子可能在盛怒嘮叨之餘，沒能多觀察有無異狀；我也猜測靈體在一定時間後（到底多久我不知道），必須返回肉身旁「巡查」，因而消失在家中。至於為何又須返回肉身旁、到底「巡查」什麼，以及我的猜測是否正確，還需由高人來解惑。

同樣有個讓一般人難以理解的類似現象，則是朋友住處的大樓管理員事後所描述的狀況。

他說，當天晚上什麼時間他沒注意，只知道他才巡完整個樓層，再把管理室門窗鎖好，窩在裡頭看電視新聞的颱風動態。此時停車場車道鐵門突然自動拉起，像是有大樓車輛要進入，但他瞄了一眼監視器畫面，什麼都見不著，接著鐵門又自動拉下，他以為系統出問題，還是戶外風吹樹枝打到感應器什麼的，打算等明天颱風走了，請人家過來看看。接下來更玄的是：約數分鐘後，地下二樓停車場的公共電梯門突然打開，然後關上，電梯「自動」抵達七樓朋友家，一樣也是門打開，再關上，與朋友妻子所說「他」返家的時間，幾乎吻合，但監視器畫面中一個人都沒有。說著說著，管理員內心不免有些疙瘩，接著就詞窮靜默，不願再多說。

事發後不久，朋友告別式、火葬等儀式迅速辦完，家屬準備跟市府相關單位討論賠償事宜。他妻子的情緒總算穩定下來，只是回想當晚「他」回來默不吭聲吃晚飯的情景，不免淚眼汪汪，無法止住。她悔恨自己不該這樣嘮叨抱怨，讓先生的**最後晚餐**還吃得如此不快樂，至今還在自責，但已無法挽回。

人生有很多事情很玄，無法用常理或科學看待，只是有時候因爲一時情緒，忽略不少異於常態的狀況或情境，導致最後恍然大悟時，又徒增更多懊惱、悲痛。我相信朋友在吃最後一頓飯時並不安穩，但我也安慰他的妻子，不妨朝正面去想，至少朋友「上路」時，肚子是飽飽的，並未餓著，起碼沒虧待他，應該感到欣慰才是。

然而，她是否能聽進我的話，這又另當別論了。

有錢沒命花

朋友的叔叔，在民國七十年代中期「大家樂」瘋明牌賭注時期，從一個殷實純樸的農人，突然財迷心竅，變成熱中此道的超級賭徒！當然十賭九輸，甚至「十賭十一輸」（就是「輸到脫褲」啦！），卻是越挫越勇，哪怕傾家蕩產都要想辦法翻本回來，相當符合賭徒一貫不服輸的性格，跟吸毒著魔者同等可怕。

當時，只要哪裡有「神廟」、「仙壇」，還是有什麼「怪物」、「奇人」可以膜拜求明牌的地方，這位叔叔從不缺席，幾乎全臺大大小小宮壇廟宇都跑遍了，也對著什麼「奇貓奇狗」瘋求明牌不曉得多少次，鄉里間引為趣談，當他是「著魔」精神不正常。他還把家境因借貸借到慘兮兮的頭痛問題拋諸腦後，害得我這位朋友的嬸嬸，每天光躲債主，就不曉得要用盡多少方法，搞得全家雞飛狗跳不說，幾乎釀成人倫悲劇。

儘管勸了再勸，但這位賭性堅強的叔叔，依然不為所動，良田不耕，簡直豁出去，就奢望哪天連本帶利全部贏回來，吃香喝辣享用不盡。

後來，一個家都不像樣了，反倒像個空城，能拿去典當的、能賣的值錢貨，還有一甲良田，早已壓榨得一滴不剩，連僅剩的一間屋子都快遭到抵押，且家裡成員宛如人間蒸發，街坊議論紛紛，覺得這戶人家大概氣數已盡，就這樣完蛋了。

走向亡命之路的賭徒，在躲債兼求明牌的艱苦日子裡，曾聽同好介紹，說某地有座「邪神陰廟」極其靈驗，只要「祂」首肯，願望必定實現；只是陰邪之神需索代價超高，請自己看著辦；然而，對已經豁出去的人來說，管「祂」多兇多惡，只要能達成願望，說什麼都一定要來！

於是某個大雷雨夜晚，這位叔叔一身髒臭，渾身濕透來到位於陌生鄉間的這座小型陰廟，不管是哪位陰邪神靈鎮守，行禮如儀照樣先膜拜再說，且開門見山、三句不離懇求盼賜明牌；接著，瞬間陣陣陰風襲來，讓他從陰涼中昏昏欲睡，很快就趴在一旁空地上，鼾聲震天。

按朋友後來倒敘說法，叔叔曾告訴他，當時有夢到什麼邪惡陰神——哪一尊忘了——只面目猙獰地望著叔叔，打量再打量，半晌僅丟了幾句話過來：

「你這粗漢，家也不顧，田也不耕，只知四處求牌，憨膽一個，眞好笑耶！」

叔叔趕緊趴在地上，大聲呼喊，拜託神明搭救，他就要輸到家破人亡了，沒讓他翻本贏錢，這輩子絕不甘心！若能獲得神明眷顧，讓他贏一場大的，最好翻本還有盈餘，讓後半輩子衣食無慮，這就夠了，這就夠了！以後不再賭可以吧？以後不再賭！

不知名的邪惡陰神哈哈大笑，指稱此人狂妄，這輩子根本沒有榮華富貴之貌，倒有乞討命格跡象，橫禍都快來不及發生了，何來橫財？

他趕緊對著邪惡陰神磕頭再磕頭，務請神明幫忙，他就快面臨絕路一條，忍心見死不救？

邪惡陰神沉吟片刻，告訴叔叔，要求財就該去財神廟求啊！好，你要我幫；幫了，又能如何？你既無此富貴命格，給你豈不嫌怪？不幫，也沒怎樣，反正你是個多餘的，爛命一條，去去去，還是到別的地方求，別擋在這裡礙事。

經過不斷交涉，邪惡陰神雖見他虔誠，但陰廟畢竟與正神宮廟目的不同，最後拗不過請求，提出「要富貴，可，但必須拿命來換」的條件。

「命？」叔叔一聽，啞然失笑，「只要讓我翻本，我要的是錢啦！有錢在手，才是老大，才是人生，後頭你要殺要剮，想怎樣就怎樣啦！」

邪惡陰神還是首次聽見，人間竟有這種**要錢不要命**的賭徒妄辭，大感驚訝，只冷冷問他一句：「不後悔嗎？有錢在手，沒命可花，這樣交易，犧牲很大！」

朋友的叔叔大概眞是想錢想瘋了，拍著胸脯，心一橫，大聲宣示：「我就是要錢，只要有錢就好，其他不重要！」

這位邪惡陰神點點頭，雖笑他多此一舉，但仍叫他回家等消息，等到半個月後農曆七月「開鬼門」當晚，自然有暗示告知，照著去做，簽注農曆七月開始後、第一回開出的「大家樂」，必得財富，而且莊家跑不掉，不必擔心。但記得不久後，必定會——

拿——命——來——換！

「拿命來換」四字迴盪腦海，聽來格外驚悚，但對於這款「末路賭徒」而言，只要有錢翻本，還有大錢贏回，就像吸毒遇到打上一針，簡直痛快淋漓、久旱逢甘霖！拿命？這節骨眼上還迷信啊？搞不好神明早忘了！他自信可以躲得過，總之就是賭個「僥倖」，自我安慰覺得應該不可能發生才是。

不過，這如夢似眞的情境，讓他開心不已的當下，醒來卻得意忘形，毫無警覺地回到家，剛好被埋伏的債主逮個正著！儘管他再三哀求，言明再過半個月「鬼門開」，保證贏錢回來還債，但遇上放高利貸的鄉里惡霸索討，沒錢擺在眼前是事實，連本帶利都快飆往天文數字，加上欠債的人行蹤飄忽不定，誰還閒情逸致跟你耗到鬼月？

反正這叔叔已經邋遢得夠像鬼了，被一群流氓押到山裡狠揍一頓，打成重傷，還剁掉他半根指頭，痛得他淒慘哭號，後來只能趁著黑夜，連滾帶爬狼狽地回到家，就挨在後門旁的庭院躲著，怕街坊看到不說，更怕債主再找上門。

有家進不得，又被剁掉半根指頭，已經夠慘了，但起碼還有屋簷遮風蔽雨，讓他深信好日子就將不遠。不久之後，被我這位朋友發現，連忙帶他去醫院，只是叔叔怕行蹤暴露，硬要前往離家甚遠的大醫院治療，而且傷還沒療出個結果，「開鬼門」前一天清早，他馬上又偷偷溜回家守在後門，堅持一定要回去，就深怕有個什麼閃失，漏掉任何「好消息」，那可就前功盡棄。

看吧，賭徒就是賭徒，賭性堅強，什麼事未必記得，身上的傷都不算啥，但絕對不忘農曆七月「開鬼門」，等候陰神給訊息。

我這位朋友很無奈，擔心長輩又出事，只好陪著他一起蹲在後門，聽著叔叔悄悄告訴他，有關這幾天在陰廟裡的遭遇；其間不時還聽見有人在前門門口猛踹猛敲，看來上門討債的可不少，都是來洩憤的，叫人心驚膽顫。

朋友說，他當時就訝異叔叔怎會跟陰廟達成這種協議？**別說是荒謬，這也太可怕了吧！**但一心等待奇蹟的叔叔，心煩不已，喝令叫他閉嘴別再說。總之，一條爛命豁出去又怎樣？還迷信啥？搞不好到後頭，人好端端地沒死，只有錢拿到手才最實在啊！

一整個白天，不見任何蛛絲馬跡可尋，直到跨夜至丑時，按時辰，鬼門當然已開，突然揚起一陣颼颼陰風，庭院像是狂風大作，樹葉與垃圾齊飛，捲起若龍捲漩渦，竟然有張紙條，不偏不倚打在朋友叔叔的臉上，黏在額頭，如同電影《暫時停止呼吸》裡，把符咒貼在殭屍臉上、定住不動的情節一般神奇！

兩人趕緊把紙條拿下，竟是一張「乞丐打狗圖」！也不知從何而來。這內容詳情，朋友事後壓根兒就是回想不起來，僅依稀記得那張圖，就是有個乞丐用柳枝打狗。他叔叔趕緊「解讀」，意思是說，柳枝是1，狗是9，還有一大堆聽來很有道理的說詞，得出一串看似有意義的數字。

「阿叔，眞是這樣嗎？」我這朋友實在難以置信，勸他別再簽了，反而被訓了一頓。

後來叔叔收起怒氣，放低姿態，反過來央求他，趕快回家找他爸爸幫忙，借點錢好簽注，就只要今天，今天就好，一定會連本帶利翻回來，而且以後絕對不再玩了。

朋友說，一想到任職於地區銀行的爸爸，性格向來剛烈固執，最討厭親人借錢去賭，就算你傾家蕩產，他絕對不幫也不救，出事還罵你活該倒楣、罪有應得，這下怎能開得了口啊？叔叔再把目標轉移到侄子身上，拗不過又跪又拜的哀兵攻勢，我這朋友當時不過只是個剛出校園的社會新鮮人，哪來什麼大筆積蓄？可是禁不起叔叔再三苦苦哀求，馬上心軟，第二天一早，只好先到銀行，把自己過去大部分存款提出救急，而且怕在辦公室裡的爸爸發現、質問領錢做什麼，特地選個爸爸出去辦事空檔，趕快溜進去，還拜託銀行櫃臺阿姨，可別告訴他老爸有關領錢的事。

當天稍晚，叔叔真的就帶著這筆錢去「翻本」。這「大家樂」怎麼玩，我完全不瞭解，好像有個什麼「幾朵花」之類的奇怪玩法，翻倍數字可以相當誇張，反正他就是抱著「必死」（當然，就快要死定了）決心，全都押了下去！是哭是笑，就看這最後一戰的結果。

據說，後來一開，果真大翻盤！讓他叔叔海撈一票！所有猜測的號碼不但全中，算了又算，這才發現不但債務全清，還倒賺一大筆，簡直轟動鄉里的地下賭盤，還紅到隔壁縣去！一堆聞風而來的「包打聽」，還有一些有頭有臉有「背景」的民代人物，想會會此人究竟何方神聖，怎麼猜牌算得如此精準？

昔日這類「大家樂」、「黑道六合彩」地下活動，某些非法賭博簽注自然毋須贅言，就怕警方要追查、黑道要「吃紅」，所以各路組織嚴密得很，口風也緊；只是朋友叔叔中大獎，莊家沒這麼多錢，頭寸一時難調，慘賠到後頭幾乎要跑路，但被一堆相關人等，包括藉著債主使力，全都給堵了回來，該還該吐的，一個子兒都跑不掉！

這下換他叔叔趾高氣昂了，原本到哪裡都被人家吐口水，這回贏得鉅額賭金，換成他翹腳、以鼻孔對著人家，像是老闆對待下屬一般頤指氣使，相當招搖。但還來不及告訴家人，他終於揚眉吐氣，用不著餐風露宿躲債的當下，卻躲不過地方黑道角頭老大耳目，後續引來殺機！

畢竟這筆鉅款，人家雖然給了叔叔，問題是莊家心有不甘，不可能請白道討回，當然要找黑道份子「處理一下」。朋友的叔叔心知肚明，這錢不趕快拿了就跑，晚一步必有閃失，所以動作挺快；無奈這小鎮地方，連某些計程車司機，都有可能是黑道的布線暗樁，沒多久，一夥人就在高速公路橋下的涵洞，把他給揪出來！

黑道小弟起先倒也沒粗暴相待，只是拿黑星手槍，抵著朋友叔叔額頭，叫他乖乖把一整麻袋鈔票全「繳庫」，畢竟大家還要在地方上相處，不要爲難彼此，這樣小弟回去也好跟老大有個交代，不至於「歹做人」啦……。

朋友的叔叔哪肯就範？吐了口水拔腿就逃。但已經揹著滿是鈔票的麻袋，就算過去種過田，身體還算硬朗，怎麼可能跑得過身強力壯的小夥子？三兩下就被撲倒在地，接著一頓狠揍飽打；不過小夥子一不小心出手過重，竟然就這樣把朋友的叔叔打到腦震盪不說，失血過多，幾乎無聲無息，看來是快沒救了。

幾個黑道小弟面面相覷，再望著麻袋裡鈔票堆疊，數量驚人，當下貪念升起，乾脆殺紅了眼，從計程車後車廂裡拿出預藏圓鍬，幾個人輪流用力補個幾「鏟」，把朋友的叔叔打到腦袋都爛糊糊了，再抬到公墓邊挖個坑，像扔隻死狗般輕鬆埋掉！

就這樣，鉅款全被劫走，黑道跟莊家合作愉快，莊家付點「處理費」消災，彼此高興就好，當然，口風同樣也要緊。

事發到第二年清明前，都過了八個月，掃墓客來時才發現，這裡曾被挖個大坑埋人，幾經雨水沖刷，死者的褲頭都露出來了，情景相當駭人！警方據報前來，爾後交由檢方勘驗，死因當然不單純，且從遺骨所穿的褲子口袋中，找到一些簽賭資料和領據，再加上地方熱中簽賭人士逐一遭到**起底**，供出不同內幕，再經拼湊，才知整件事的來龍去脈，案子也宣告偵破。

但，偵破能怎樣？當時有錢又怎樣？這位叔叔連鈔票都「來不及」摸到熱，最後果眞「拿命來換」，死狀有夠悽慘，而且連個銅板都享受不到……。

朋友說，他本來就擔心叔叔被陰廟所害，但既然人家跟邪惡陰神都達成「協議」，還是別從中作梗，以免惹禍上身，只是不曉得叔叔死得如此之快！另一方面，他也感嘆賭博害慘叔叔一家人；更搖頭認爲，天下怎麼會有如此愚笨之人，妄想「拿命去換錢」，什麼福、什麼財都還沒享用，就已經葬身黃土泥堆當中，何苦呢？這種人生未免也太不值得了。

你可能會想知道，邪惡陰神「拿命來換」之說，到底把人命換走有何用途？就我所知，通常命遭錢財「交換」之人，其靈魂專供陰間差使，淪爲勞役遭剝削，不見天日，這是第一種；若爲第二種，屬「可造之材」，有可能遭魔域吸收、改造，成爲下一個擾亂陽間之惡靈，情況就更加嚴重。

以下順帶一提，一般人與正神間最常見的默契，就是**許願**、**如願**與**還願**這類互動程序，許願若要成立，就看你是許下什麼願望、如何還願、神明有無允准等。通常神明都會審慎評估，認爲可行，才會點頭答應；認爲不可行，你再怎樣求都無用，再跑十間大廟也白費力氣。且神明若有意允准，許願者事後該怎麼個「還」法（不是許願者說的就算），若違誓言會如何，都會先確認清楚，重點在於「價值相當」。除非所求之事過於棘手或屬特殊狀況，正神皆不會加以爲難，倒是如果許願者不能接受，則不必往下繼續進行。

有些規模較大廟宇另立特別規定：既然雙方都有意願且同意，甚至必須立據爲憑，白紙黑字，這是比較嚴謹的做法，讓彼此好有依循。

另一方面，邪惡陰神多半不需白紙黑字，重點在於要實現任何願望，「祂」可以不擇手段，然而許願者也必須拿重大代價交換，而代價的「質」與「量」皆超乎常理判斷甚多，彼此所處地位並不公平，如同與地下錢莊或高利貸打交道，就看你要不要爲了達成目標而願意冒這個險。

若你問我，有沒有人跟邪惡陰神打過「許願」交道，最後得以毫髮無傷、幸運全身而退的？就我所知是「有」，不過那都是極少數中之極少數，同時所付代價仍極爲可觀，並非每個人都能這麼做。

我傾向站在「不賒不欠」的態度籲請各位，**請不要許下不切實際的願望，以免徒留更多「債務」還不清**；若迫於不得已，必須要許願實現，也請找有口碑的正神宮廟，須由神明判定可否爲宜，較不建議透過「小道消息」、「口耳相傳」找到願意協助的神明；因爲你可能不曉得孰「正」孰「陰」，風險過大，最後也可能在浪費太多時間下毫無所獲，甚至還被陽間歹徒所誆，反而人財兩失。

還有，跟正神許願獲得同意，記得實現後一定要回來，依許願當時言明之方式還願。有太多朋友，老是以「忘了」、「不知道」搪塞，這都是非常危險的態度！一時之間，正神或許不跟你計較，但並不表示你可以「裝死」算了，這筆該還的帳，遲早還是要回歸到你頭上，更可能連本帶利，負擔更加嚴重。這是千萬要提醒各位，絕對不容輕忽的。

被冤枉的少年

朋友的兒子上國中後，常見這位當老爸的每天唉聲嘆氣，我以爲親子溝通出問題。他說，這倒沒有，他擔心這孩子的身體狀況，都已經進入發育的青春期，卻仍然長得又瘦又小，好像國小還沒畢業，而且不像一般「臭男生」有那種無止境爆發的活潑能量，每天懶散到不可思議的地步，很怪。

是食慾不振嗎？朋友搖頭告訴我，這小孩子食量正常，什麼都吃，但每天就是很想睡，一副無精無神、面黃肌瘦的倦容。我再問他，有沒有想過是否體內有蛔蟲啊還是什麼問題，但友人回答，該帶去做的檢查早就檢查過了，完全沒問題啊！我懷疑是不是年紀輕輕就跑去吸毒，只是這種話可不能亂講，再看著朋友一臉憂愁，趕緊把話吞回喉嚨去。

幾個月後，友人眉頭緊皺地拉我到一旁講私事。

他說，其實早在幾個月前，他太太打掃兒子房間時，意外看到垃圾桶留下一坨坨用過的衛生紙，數量驚人，知道這年紀的男孩總會因爲思春、發洩性慾，而有自慰舉動，原本覺得「兒子長大了」，還挺欣慰的，不怎麼在意；但隨著丟棄衛生紙的數量，似乎多到不太對勁，悶到最近才告訴他，認爲兒子手淫的情況，恐怕比想像中來得嚴重。

他還算是個開明老爸，兒子願意跟他講悄悄話，相互溝通。兒子老實回應說，眞的不是「故意」的，只是那種衝動一來，就會「很想」將它發洩掉。可是，特別在最近這陣子情況越來越嚴重，從一早起床就會**想**，上課也**想**，下課也**想**，回家也**想**……有時候明明已經發洩過一回，又好像「被迫」開始**想**，於是無法控制地產生重複行爲，又不曉得眞正原因。

是心理問題嗎？朋友問兒子，是否暗戀班上哪個漂亮女孩？他兒子老實回答，完全沒有；那麼功課壓力大嗎？也不是。他雖然成績不好，但也沒覺得壓力大到什麼程度，只是天天都很愛睏。

朋友再次嘆氣地告訴我，他雖然慶幸能跟孩子溝通，只是這種溝通，還是無法解釋這類奇怪行爲，更找不出眞正原因。

接著，朋友把目光盯到我身上。

「你要我幫你找出眞相啊？」我一臉無奈地看著他。

「老張，你在大學教書，我想，你比較知道怎麼跟孩子混熟，說不定他有什麼事情瞞著我，靠你來幫忙，或許……」他說。

「你不是很信任孩子嗎？」我不解地回應，「這種事要是在我們那個年代，恐怕早就被老爸老媽捶到死啦！他都老實告訴你了，應該沒什麼好瞞的！只是，我擔心……嗯，是不是毒品……」

還好朋友點頭認同，沒駁斥我或兇上一頓，但他說，早就擔心校園毒品危害嚴重，眞擔心孩子懼於同儕壓力或者霸凌，誰曉得可能會有哪些不可預知的後果？

他話鋒一轉，又開始擔心別的。「如果不是毒品呢？萬一他在學校被人發現這樣，被貼個『小色鬼』的標籤，那該怎麼辦？」

我瞪了他一眼。「好啦好啦，事情都還沒搞清楚，你自己就先冤枉你家小孩！」

「不不不，」他有些尷尬。「我是眞的擔心，如果他天生就是性慾旺盛，搞到身體虛成這樣，很怕他走錯路。」

幾經溝通，讓我覺得有些煩躁。決定找個時間，先打個電話問問那孩子好了。

這孩子很乖，有些內向，不擅言詞。我當然劈口沒先問「你怎麼老是打手槍啊不丟臉不羞恥不覺得道德敗壞嗎」這種連珠砲爛問題（這比較像是軍教片中，長輩或教官慣用的邏輯思考，然後一巴掌賞過來，大罵「可恥」，完全不留情面）。只是我話講沒幾句，話筒裡突然傳來一句成年女人的叫罵聲：

「你滾！誰要你來多管閒事！」

「喂喂……剛才那個聲音是……？」我以爲是朋友的太太，怎麼可以罵我多管閒事啊？我是來幫忙的耶！沒禮貌。

「沒有啊，張伯伯，」這孩子從話筒中語氣似乎很困惑。「沒有其他人講話，現在我家就只有我一個人。」

咦？一**個人？**

我開始覺得事有蹊蹺。因爲話筒裡陸續夾雜著女人的嘶吼與鬼叫聲，我以爲會不會是家裡電話被竊聽，或者跟其他線路串聯混在一起，因而傳來如此不尋常的雜音？問這孩子有沒有聽到，他卻回答**沒有**，更讓我有些錯愕。

不多久，電話突然中斷，我再撥，講沒幾句，又中斷；我以爲是這孩子潛意識裡，根本不願跟我溝通，所以用切掉電話的方式拒絕我。只是斷掉兩次後，我認爲他絕非故意，但已經不太對勁，於是很快地告訴這孩子，改天再聯絡吧。

我把電話中斷的事告訴朋友，他原本有些生氣，以爲自家小孩怎麼「不識好歹」故意惡作劇，太沒禮貌了！但我認爲，這件事恐怕不是咱們所想像的這麼簡單，我懷疑，其中說不定有靈異因素。

「靈異因素？」朋友張大眼睛。「這不過小孩子的生理現象，有必要扯到這麼奇怪的方向嗎？說不定他是眞害羞，不太希望跟不怎麼熟的長輩談到這種尷尬話題，但也沒必要……噯！我說啊，你到底有沒有搞錯？」

我對著他搖搖頭。因爲直覺告訴我，這裡頭有些不單純，繼而肯定地認爲眞的不太對勁，包括在電話中所聽到怪聲、線路切斷，這不怎麼合乎常理。

後來，我們達成共識，決定把小孩帶到外頭來碰面好了，一次搞清楚怎麼回事，免得在家裡讓他媽媽看到，以爲事態嚴重而擔心。

星期天午後，我在公園籃球場旁，等朋友帶他兒子來會面，終於見到怎麼回事。

不見面還好，一見面簡直嚇壞了！因爲大白天的，這孩子身上竟然還攀著一個頭與肉身幾乎分離的「女子」啊！且腐爛身軀的眼神中充滿憤怒，好像怨氣沖天，直瞪著我，像條巨蟒要將我吞噬似的。

在這當下，我也不客氣，回瞪這女的（怎樣？誰怕誰啊！「當拎北呷菜的」那般慈悲爲懷？），倒是朋友看我眼神不對，緊張問是否孩子得罪我啦？如果是爲了那天切斷電話的事……。

我叫他閉嘴啦！再看著這孩子也是一臉緊張，我沒多說什麼；但這孩子主動開口解釋，說那天他眞的不曉得電話爲何會一直斷掉。

「好吧，」我問他，「你從頭告訴張伯伯，不要怕，我不會告訴其他人，但你要老實講，你怎麼會……？」

這瘦弱體虛的男孩，把告訴他爸爸的話再說了一遍，但多出一句：「**我常在夢裡夢到同一個可怕的女孩子！**」

「你不是說你沒有暗戀誰誰誰嗎？那……」他爸爸急著插嘴。

我示意要朋友別再插嘴，煩死人啦！然後拿出筆記本，在空白處畫出那「女的」模樣要他指認，這孩子一看到畫（還好那「女的」沒抗議畫這麼醜！），突然大驚失色，掩著嘴點點頭，講不出話來，應該是這個沒錯了。

看著這孩子，我叫他把眼睛閉上就是，別吭聲，然後開始試著跟這位「女子」溝通。

幸好這位「女子」還不難溝通，只是憤怒地問我為何多管閒事（終於知道電話裡的聲音是誰發出的了）？我告訴對方，這是我朋友的小孩，他現在面黃肌瘦，一臉精神萎靡不振的樣子，如果不出手相救，以後毀了這孩子前途怎辦？

對方眼睛瞪得更大。「毀了他前途？那誰來理會我的冤屈？」

「哦？冤屈？何來冤屈？」我一臉疑惑地盯著「她」看（我好像在演「包青天」）。

細問之後方知與這「女子」跟這小孩前輩子的因果有關。

朋友這小孩前輩子是個明朝富商獨子，家中呵護備至，然而公子哥兒平日遊手好閒，淫女無數，欺騙甚多女性感情；這位「女子」當時僅為情竇初開、涉世未深的少女，對他用情極深，可惜最後仍慘遭始亂終棄，已被奪的貞潔難以復返，又不幸被鄉里街坊所唾、攆出，一時委屈至極、心結難解，且悲憤懊惱，最後懸梁自盡，且死狀甚慘！經人發現時，因時日略久，大體腐爛，頭顱與身軀幾乎分離，只剩一條爛皮相接。

這「女子」的怨怒未能疏通，因而遊靈滯留陽間未返陰間，尋覓至此世，已知當年公子哥投胎，於是主動鎖定，附於身旁；又由於前世孽緣起於淫亂，於是靜待十多年，在其肉體發育期，即時時刻刻逗弄這孩子的生殖器，讓他始終處於難以抗拒的亢奮狀態！

謎團終於解開，我反而不忍再苛責這個「女子」，因爲看到「她」上吊慘狀，深知其前世飽受委屈，有冤積怨難以平復。不過我滿高興的是，這位「女子」的心地其實也沒這麼壞，同時似也看穿我有悲憫性格，故主動告知，若能幫其平反，獲得這小孩靈體懺悔道歉，並指引自己前往該去之處，即願離開。

不用說，朋友很快接受我轉述的內容，按照該「女子」的指示去做，還請人幫忙辦了一場小型法事。

一個月後，朋友的孩子出現明顯轉變。他不再天天打瞌睡，氣色變得紅潤、精神好轉，更重要的是，腦海中未再浮現某些恐怖女子臉相，我想這「女子」應該已前往該去之處，不會回頭干擾了。

再過一陣子，我看到這孩子升上國三，身高拉長，肌肉更變得結實，像個「小大人」模樣，據說拿到學校「進步獎」，成績也急竄直上。我偷偷問他，還會不會有生理方面衝動？他尷尬回答已經好多了，不再覺得好像有人在逗弄敏感部位、搞得時時刻刻都想

「DIY」。

對於發育中的孩子，父母看待「自慰過度」這件事，恐怕多半僅專注於生理上的負面後果，性格保守者還會大聲叱喝，只是遇到這個實際案例，讓我有些感觸。

如果今天你家孩子，同樣不幸遭遇這類前世因果債所引發的異常行爲，你會怎麼看待？選擇相信？還是痛斥孩子滿腦子**淫邪**？或者忙於向醫療科學求助，期盼盡快矯正這種「不正常行爲」？

科學界或許對這種利用靈學解決問題的案例，多半抱持嗤之以鼻的態度，認爲男孩發育本來就較女孩慢，說不定家長急求解決問題當下，這孩子剛好正值發育期、精力正充沛時，或者就算屬於「大雞晚啼」型，也沒啥好奇怪；況且適度自慰原非壞事，與什麼靈異根本毫無關聯。

不過，我也很想反問，若就此案例，如果就這樣一直拖著不去解決它，那麼是否會錯過發育期，十年之後這孩子依然如此瘦弱不堪？

天下有太多事我不甚瞭解，對科學論點應予尊重。只是爲人父母者，如果孩子在正常狀況下，仍出現不尋常的脫序行爲，在求得科學觀點解答時，是否能夠多想想，或許某些狀況其實「身不由己」；更多苛責、奚落，恐怕只會加深孩子的冤屈及無奈，無濟於事，不妨換個角度，從靈學角度思考，搞不好會有驚人發現。

姻緣天註定

將近五十年前我唸國小低年級時，班上有個女同學，上課很喜歡往窗外看，心不在焉，常被老師叫起來罰站。

她爲什麼喜歡看窗外？因爲在我們學校附近，剛好是傘兵訓練場，常見C119「老母機」載了一堆阿兵哥，從天際劃過時，機屁股就會**拉出很多便便**——也就是傘兵一個個乖乖跳下，形成的壯觀場面，總是吸引她的目光。

不少阿兵哥跳完傘，若表現良好通常都有休假，會集體到附近鎮上看場電影、胡亂逛街、對女孩吹口哨，只要不必回營，就算瞎混一整天當呆子傻瓜、在大街上吹風、曬太陽都好。當然，不會碰到「白頭殼」（憲兵）找麻煩更好。

這天放學，我們排路隊回家，正好有休假阿兵哥在街上閒晃，我這位女同學就不走了，用很閃亮、崇拜的眼光（少女漫畫眼？），張望著某個身材魁梧的大哥哥。他穿著軍服，在廟埕旁冰果店裡坐得直挺挺的，一板一眼地喝著木瓜牛奶（這模樣有很帥嗎？應該是怕憲兵來了記上一筆違紀吧！）；我是路隊長，叫她趕快跟上隊伍，她也不理，堅持停在原地不動，我只好請其他同學自行解散，並好奇地想知道她到底在看什麼，有這麼好看？

後來，大概是那位阿兵哥也看到她，於是站了起來，走出店門，好奇地問她：「小朋友，妳有什麼事情嗎？」

女同學搖搖頭，但臉龐充滿笑意與靦腆，還紅著咧。接著竟然咬著手帕，身體不好意思地扭捏搖擺，然後乾脆鼓起勇氣，大剌剌指著那位阿兵哥，一字一字清楚地說：

「**我——長——大——要——跟——大——哥——哥——結——婚！**」

啥？結婚？所有大人聽到都笑起來，果然好個「童言童語」。但是我這位同學可沒被跟著起鬨的旁人亂了方寸，她反而收起笑容，很嚴肅地向那位阿兵哥說：

「**我眞的要跟你結婚喔！**」

冰果店老闆娘走出來，哈哈大笑跟這個阿兵哥解釋，這孩子是後巷雜貨店的女兒，因爲老闆過世得早，由老闆娘帶大，可能是她缺乏父愛照料，所以看到你們這些阿兵哥雄壯威武的模樣，大概都很喜歡吧！

既然「都」喜歡，爲何只挑這位？莫非「亂槍打鳥」、看一個愛一個？我心裡只覺得她很無聊耶，什麼「要不要結婚」？催促她趕快回家啦！要不然導護老師看到我沒有把路隊帶好，一定會罵我（其實我的路隊全散光光，早該被臭罵了）。

她還是不走。那位阿兵哥蹲跪下來和她平高，溫柔地摸摸她的頭，說：

「好啊！妳長大以後我一定娶妳！不過妳要乖乖的喔！」

我這位同學也不像「花痴級」的，只是她非常認眞，伸手要大哥哥跟他「勾手指蓋印章」，還一再強調「不可以反悔喔，不可以反悔」，這才蹦蹦跳跳、歡天喜地回家去。

冰果店老闆娘順口問問這位「小哥」幾歲，他說「十八歲」（早期當兵的年輕人，有些年紀還滿小的），老闆娘煞有介事地掐指一算，半開玩笑地說，就等個十年吧，你二十八，那小鬼應該也有十八歲，成年了，剛好！剛好！哈哈！如果你眞的娶她，我就當「媒人婆」怎樣？

冰果店老闆娘還轉頭，問我要不要當**證人**、只要證明有這件事就好？我搖搖頭說，證人是不是要被關在法院？如果是，那我不要當證人（那時不曉得「證人」是幹嘛的，誤以爲跟犯人一樣都不是好東西，胡言亂語）。

最後大家只把這段插曲當「囝仔人亂講話」收場，根本沒人在意。

我當然更不在意，因爲小時候的我極端幼稚，壓根兒不知道一個男的跟一個女的，長大後爲何要結婚、有何意義？不懂耶！只覺得**矮額！羞羞臉**吧。

過了十年，那位阿兵哥沒退伍，我猜大概是半夜睡覺迷迷糊糊，被長官拉著手簽下「自願留營書」吧？就這樣繼續留在軍中報國，軍職也升得滿快的，正好有機會，帶兵到我們鎮上郊區的軍營裡。

休假日，他穿著筆挺軍便服，無意間又回到廟埕旁那家冰果店，就見著冰果店裡有個少女邊吃水果盤，邊看《姊妹》（當年挺夯的少女雜誌）。原本彼此對看一眼，起先還沒啥「感覺」，後來兩人一前一後坐著，就是覺得似乎「心電感應」，有那麼點「奇特」和「悸動」，於是彼此又再次互看一眼……這下可不得了啦，絕對不是「驚鴻一瞥」喔！而是十年前的回憶，藉由兩人對望、凝視，到後頭慢慢認出，於是如此般巧合又浪漫的故事，就這樣揭開序幕，逐漸給勾勒、拼湊出來！

（這兩個是怎樣？臉都沒變、很好相認嗎？我還是不懂。）

冰果店老闆娘，當下並未在現場，而是生病住院中。倒是老闆說，他非常清楚，記得十年前有這麼一件事，因爲他那天是去中盤商批貨，回來老婆有提起，還說兩人差十歲，不可能什麼「姻緣天註定」啦！他知道自己也有講：「對呀！囝仔人有耳無嘴，隨便亂說誰當眞？」還笑笑沒當一回事，結果轉頭不小心踢到手推車底板，腳拇趾骨折，痛得他半死，以爲說錯話被天公罰了，印象深刻，所以老闆笑說**打死都會記得**，她老婆當然也記得。

誰記得都不重要，重要的是這兩位當事人，到底還記不記得啊？

沒想到這兩人還眞回想起當年「勾手指蓋印章」往事，且彼此對看「兩相不厭」！既然男未娶、女未嫁，兩邊也沒有什麼男女朋友交往中，加上冰果店大力撮合（它應該算是「贊助商」吧！），時機成熟，就這樣正式燃起「舊情」。至於這整個過程、來龍去脈，我就不清楚啦！因爲我早在國中畢業時，已經遷往臺北定居，沒來得及在旁「實況轉播」，只能聽相關人等口述過程、嘖嘖稱奇一番。

兩人交往一年多，終於「開花」，參加在高雄舉辦的「南部地區軍人集團結婚」，同時於雲林男方家及咱們女方家辦喜宴。冰果店老闆娘早就痊癒出院，理所當然成了「媒人婆」，更大手筆在女方家歸寧宴上，弄了兩百杯木瓜牛奶請賓客，比女方媽媽還高興，簡直給足面子。

戀情除了「開花」，當然更要「結果」嘍。我這位女同學挺能「增產報國」的，共生了五男一女！最大的兒子現已成家，孫子孫女也陸續出生，目前整個家族就住在雲林，相當幸福，全家和樂融洽。

天哪！人家都當爺奶了，我還是個痞子、耍頹廢，跟野貓一樣到處亂晃，眞是歲月不饒人。

我問我這位老同學，當初怎麼會這麼斬釘截鐵，認爲那位阿兵哥就是妳的先生？她說，**她眞的不知道「爲什麼」**，反正就是一股**莫名其妙的氣氛**吧，實在說不上來。那時年紀雖小，事情經過卻記得異常清楚，彷彿昨日才發生一般！

她還說，十八歲時坐在冰果室和先生再重逢那一段，差點就要錯過，因爲媽媽要她顧店，讓她覺得好煩，只好帶著一本《姊妹》，逃到冰果店暫時躲起來，而媽媽還果眞氣急敗壞走出家門，朝冰果店方向走來探頭望望，但雜誌剛好遮住她的臉，沒給逮個正著，否則要是被抓回去顧店，這下或許就沒機會跟先生再次相遇。

當然啦，如果她先生夠有心，還記得當年誓約的話，或許可以直接找冰果店老闆娘打聽她的消息。只是人生很多事情都很難講，可能耽擱個幾天幾週幾個月才打聽，這女孩恐怕就被別人追走啦！而男主角也許透過旁人介紹啦、自己找啦等等，最後變成別人家老公也說不定。

這麼一段離奇、巧合又有趣的姻緣，讓我相信絕對是「天註定」，只是老天提前先把「口袋名單」給曝光罷了，讓咱們這位老同學，在似懂非懂的情境中，搶先「預訂」自己另一半，還能延續緣分，相當難得。

人生奧妙多，我為自己兒時同學婚姻美滿幸福感到高興，希望她和她先生長長久久，圓圓滿滿，也祝福大家諸事順心如意。

附錄：「姻緣天註定」Q&A

〈姻緣天註定〉在部落格發表時，曾引起眾多網友熱烈迴響，其中不乏詢及相關問題，因為件數實在太多，彙整後就個人所知，謹此簡單作一回覆，如有不盡詳細之處，請多包涵。另外，請不用質疑：「某某命理老師說的怎麼跟你講的不同？」我向來不強求別人相信，若你認爲有道理，我很感謝；如果你覺得俺胡說八道、唬爛解讀，我也尊重你的看法，不會計較。

問：你說「姻緣天註定」，老天眞的會安排凡間人與人的婚嫁關係嗎？

答：我認爲「通常」如此。不管姻緣是好或壞，老天爺都會作出最合理適切的安排（雖有高人直言「業務已停辦」，我可不這麼想）。綜合各家說法，常見的有下列幾種：

第一種是「前世相欠債」。遇到這種狀況，通常前輩子所留下問題，到這一世來「還」或來「收」，只要這種「感情債」還完或收完，結清無相欠，那麼緣分也就差不多結束，或者感情由壞轉好，狀況不一；另有不少莫名其妙冒出「小三」或「小王」這類外遇對象，很多也都是前輩子的「情債」留至今生「兌現」的狀況。

第二種則是老天安排「再續前緣」，老早就「註文」的，因而有「N世夫妻」的「正緣」之說；在靈界輪迴而言，感情上算比較穩定，幸福居多，怨偶相對少。

第三種比較少見，稱之「後天安排」。若本身命格中無姻緣之人，願意誠懇祈求，老天爺會視狀況，安排賜予適合對象，但這並不表示「有求必應」喔！如果老天爺衡量發現，姻緣並不適於此人，或其本身因先前輪迴遭受懲罰，而不能有姻緣者，即不見得會讓此人如願。簡言之，各人狀況皆不同，結果不見得完全一致，因此請別怪老天爺獨厚誰誰誰，最終還是要看自己造化。

第四種也很少見，這是「一世夫妻」。多半因特殊天命而作特殊安排，不過男女雙方之間，先前既無因果債，也沒有任何瓜葛，純粹就是老天爺在這兩人今世投胎前，就其這一輩子所負天命，而特別賦予的姻緣，通常有互助扶持、完成使命的味道，但僅有一世，好好把握，下輩子就各是別人家的啦！

順帶說明：屢世累積留下的「感情因果債」，在這一世會全部「結清」；至於這一世才「捅出來」的善與惡，據我所知，除非「代誌大條」到「破表」沒辦法，否則都一律「現世報」，不會再移轉到下輩子，畢竟累積過多，是會讓老天爺結算到傷腦筋，不如一次裁決更痛快。

爲何我會認爲老天安排姻緣的原則是「通常」如此，而非「絕對」如此，這是因爲有極少數極少數例子，並非由老天安排，而是魔域勢力作亂所引發，此屬例外情況。這種姻緣不少皆爲驚世駭俗、令人瞠目結舌的怪異組合，或完全脫離倫常道德，甚至婚後出現超乎一般人所認知的不正常行爲。不過請放心，這種姻緣至少在目前並非「主流」，否則老早就天下大亂了！

問：有些廟宇或神壇，會幫人家牽成紅線，這種的眞有準嗎？

答：我個人對任何神明，都抱持敬重態度，至於靈驗與否，從未認眞思考過，這應該去聽聽信眾怎麼說。不過若要「心想事成」，我認爲這必須要看廟宇或神壇所供奉的神明祂們所接受的祈求方式，當事人也必須遵守，否則什麼良緣都甭想。

講得更白一些，如果你用錯誤或「想當然耳」、「自以爲是」的偏執方法，那再怎麼做和祈求都是無用的。因此，祈求之前，最好能先搞清楚，包括祈求方式、注意事項、條件資格、特殊遵守要求等。不要以爲牽個紅線有什麼了不起，那裡頭的眾多學問，你可能一輩子也摸不透、想不懂，還是虔誠爲上，敬重爲先。

當然，我也建議若你有這方面祈求，前往甚具口碑好評的大廟宇，通常比較妥適。假設你擲筊確定都是「聖筊」，代表神明願意幫忙，那麼萬分恭喜你！不過，可別以爲自此高枕無憂，不需要積極找對象，以爲反正神明會自動幫忙送上門，這種觀念都是錯誤的。

神明答應幫忙你，幫的是「天助自助者」，祂會在最關鍵的一刻，給予你「臨門一腳」的幸運，自己仍須把握機會，否則就流於迷信、自尋煩惱了。

還有，如果怎麼求都沒有允准，並不代表神明不願幫忙，請勿怨天尤人。請先確認一下，除了檢視自己的祈求方法、作爲是否正確，或是否符合神明要求，有時常因時機未到而暫無音訊，心急也無用，還是硬著頭皮說服自己——順其自然吧！儘管對急性子者，這句話聽來滿欠扁的，不過我必須誠懇告訴你，當愛情來的時候，擋都擋不住；沒有愛情時，怎麼強求依然無解。不如敞開心胸，接受當下事實，且持續努力，這樣人生才能走得下去。

問：苦戀、單相思、孽緣……這些都是老天爺的安排嗎？

答：我想「是的」。這應該跟自身前世累積的情緣因果有關，但也有少數是今世人際關係處理上出現障礙，故建議尋求較爲科學的相關諮商或討論，進而調整、改變做法，或許更有效。

問：我嫁給外國人，這又怎麼解釋？

答：這怎麼不能解釋？不也是「姻緣天註定」的一種嗎？你以為住在臺灣只能嫁或娶臺灣人嗎？誰規定的？「異族通婚」自古即有，鎖也鎖不住、擋也擋不了。有太多今世婚姻，緣起皆為前世前往海外、或來自海外留下的交流緣分，種下日後這一世結果，這跟住在哪一國、什麼種族，並沒有特殊關聯。在臺灣有很多新住民、外籍配偶，我想大家也早就習慣，彼此相處上多能和諧融洽。

問：小孩呢？為什麼我怎麼求就是無子嗣？

答：這是除了姻緣之外，另一個類似模式。有些小孩來到人間，是來「討父母債」，有些是「報恩」，有些是老天爺憐憫而特別賜予，或因有特殊天命任務，藉由父母緣分而來到人世，當然父母的因果關係也須考量，加以「排列組合配對」，得出最正確的結果。

有些人天生就沒有後代，不過若藉由祈求方式，在非常微渺的機率下，仍曾聽聞老天爺願意恩賜小孩的特殊案例，所以並非完全沒有希望。但要注意，不要因為那一點點的希望，拚命鑽牛角尖，非得煩擾神明煩到賜給你一個小孩不可，當心你要付出的代價可能不小（例如：小孩難帶、狀況多、各種生理心理問題接踵而來）。

然而，沒有小孩也無須失落。不少這類狀況，常是神明不忍你太過辛勞，避免小孩來增加自身負擔，因而無孕；有些是由於時機尚未成熟，小孩提前來並非福氣，所以還要等等。

儘管不少已婚者會覺得，若無子嗣，缺少了這麼一塊，人生因此不完美而遺憾；但換個心境想想，這部分「缺失」，或許就是另一個面向的「優勢」。剛剛也說過了，可能是老天憐憫、時機未到、特殊考量，皆各有利弊得失，只是你越計較，則心越不安寧。或許一時不順際遇，你難以接受、釋懷，但請相信我，老天爺非常公平，請往正向思考，當你遇到這方面困擾時，不妨想想，老天爺這麼安排，必有其道理，放寬心情必將更爲自在。

謹此也呼籲部分長輩，請千萬不要逼迫媳婦非得生個孫子不可。這年頭有無子嗣、生男生女早已不是重點，重點在於生活和諧、身體健康，比起太過在乎「不生男就對不起祖先」這種傳統觀念，來得更優先些；況且現在都什麼時代了，若還在拘泥、死抱錯誤認知，只會增添家庭困擾而已。我直接告訴你：就算沒生個孫子，祖先也不會懲罰你啦，請放一百二十個心吧！

問：同志之戀也有天註定的嗎？

答：是的。但不是所有的同志之戀都是，須依個案判定。

以上答覆至此。這裡非「廣播電臺工商服務時間」，既不賣藥也不兜售神像，更非提倡怪力亂神、魑魅魍魎的園地，僅就個人所知與所理解結果提供看法；但請恕能力有限，答案不見得百分之百完全正確，或有疏漏、簡略或不盡完善之處，敬請見諒。

第二部

趨吉避凶的溫馨提醒

魔神仔的幻化作弄

這些年來，臺灣社會有太多人在討論「紅衣小女孩」的來龍去脈，更有人無聊到組探險隊意圖一窺。我認為這樣對另一個世界的「人」不敬，也有其危險性，更何況各有各的領域，為何滿腦子只想著要滿足自己好奇心，就擅自去打擾人家？倘若我對你家充滿好奇，我可以隨便去敲你家的門、強行進去瞧瞧嗎？

不管網路上多少關於這類「小女孩」描述，甚至還煞有其事地說明「發源地」，這些都不能稱為「唯一」。這是由於在大氣環境中，類似這種場景、這種「人物」，以及陽間人類所遇到的這類狀況，那眞是數也數不盡！有人形容小女孩的「紅衣」，是一種充滿仇恨與煞氣的符號表徵，並不完全正確；如果就某些線上、手機遊戲，將其主角所穿紅衣視為「制服」，那就更令人搖頭。

還有個網路實例分享，將「紅衣小女孩」形容是「出生時夭折的女嬰」，慢慢長大後成為不甘提早逝去、且報復心態極重的女孩，這完全都不對啦！故事後頭活靈活現地告訴讀者，誰看到「她」誰就倒楣，而且會很快死於非命，管你有沒有「道行」，畢竟其法力驚人，任誰都逃不掉！唉！凡是這類說法，肯定絕對是「唬爛」。

為何？我告訴你，「紅衣小女孩」我起碼看過兩回：一次在山嶺樹林間，另一回在都會區巷弄裡；穿紅衣的也不見得是「小女孩」，其中一回還是個老婆婆（別跟我說「那是她長大變老」，請不要亂說這款廢話，要是口沒遮攔，當心出事惹麻煩），中間相隔近三十年，我依然在這裡講故事給你聽，尚未「嗝屁」，這又怎麼說？

或許讀者有疑惑：網路上原始影片盛傳，那個誰誰誰不就是因為「紅衣小女孩」跟在後頭，於是整個人舉止及外表，後來變得不太對勁，連獠牙都長出來，接著很快就……掛了！如果解讀成當事人原本陽壽已盡，會不會比較合理些？我的看法是：反正「時間」到了，只是碰巧遭遇與一般人不同的「上路」方式而已，但被各界特別放大關注，造成意料之外的渲染效果。

或許某些專業人士不以為然，但個人看法覺得，「紅衣小女孩」其實是「魔神仔」化身，也是一般人所指的山中魑魅魍魎，在鄉野怪譚中扮演迷惑或欺騙常人的角色。特別的是，既被叫「魔」又稱「神」，那到底是「魔」還是「神」？自古至今，命理界也好，通靈界也罷，大家定義不見得相同，偶見看法不同者爭論不休，是有點無聊。不曉得「學術」上該怎麼定義？只是我翻遍國家圖書館相關書籍，還是一樣，無論學術界、民俗家、命理師或堪輿人士，各家皆有各家堅持與認定，乾脆甭看，以免浪費時間。

不過有個重點必須了解，就是這類事物眞的未必「眼見爲憑」。我自己看過甚多「魔神仔」捉弄人的個案，發現不少當事人都堅持「我並沒有被蠱惑，我是親眼看見的！」。然而眞實情境裡，他們眼見的事物並不存在，只是「幻化」情境一再發生，影像進到腦子裡，也常不斷引發人世間爭執糾紛，甚至造成法律問題，或許這就是「魔神仔」想要看到的結果。反正把你們笨蛋人類搞得一團混亂，跟「別人的失敗，就是我的快樂」那種「見不得人家好」心態，差不多是相同的。

最近一個實例就發生在摯友身上。他因爲趕論文著作，忙得沒夜沒日；而他岳父某日凌晨突然過世時，正好距離摯友發表會時間非常近，但爲盡孝，仍帶著傷心不已的妻子，第一時間從臺北連夜開車飛奔至中部山區，除了祭拜，並協助岳家治喪事宜；當日午後，留下妻子在娘家幫忙，自己又趕緊開回臺北，埋首在書堆與電腦前持續奮戰，爲著作內容做最後修正與調整，說好等過幾天發表會一結束，再立刻趕回岳家去。

發表會當天是我陪同前往，從頭到尾絕無冷場，非常成功。會後，他興奮地想馬上向妻子報告結果，同時告知下午將開車到岳家，傍晚前抵達，可是從手機傳來的聲音，卻是他妻子破口大罵、幾近歇斯底里尖叫，我在旁邊都聽得清楚，驚愕得望著摯友，這到底怎麼回事啊？

只見摯友不斷解釋：「我人在臺北啊！怎麼可能在那種地方？」後來聽到可能是岳家其他人接連對話，總之聲音很大，不斷聽到責罵聲，讓他講到最後都詞窮了，無力招架，僅能無奈沮喪地放下手機。我急忙追問，他有些納悶不解地回應，說他妻子和岳家親友，昨天深夜開車從殯儀館回到山區住宅時，途中在市區竟然發現「他開的車」在前頭等紅燈，車牌號碼清清楚楚是幾號幾號，更讓人驚訝的是，除了看到「他」，副駕駛座竟然還坐了個妙齡女子，還狀極親熱！

這下可不得了！難道自己丈夫趁著太太回娘家奔喪之際，做出不可告人之事？

本來在車上其他親友勸他妻子，可能看錯了吧，不可能是我這位摯友啦！但「鐵證如山」攤在大家眼前，何況車子與車子挨這麼近，越看越不對勁。她本來要下車去敲前車的窗子，眼看馬上綠燈亮起，只好打消念頭，不過她堅持要開車的小舅子跟蹤到底，沒想到竟然跟到市區一家「摩鐵」前！他妻子更不敢置信的是，親眼看到「他」竟然下車，先到後車廂拿了些東西，那個妙齡女子也下車，伸展一下四肢，然後回到車內，接著，車就直接開進汽車旅館。

「哎喲！天地良心啊！我昨天晚上光是檢查整本著作和發表會的投影片，就弄到今天凌晨三點多，才休息一會兒，哪來時間在中部逗留，還跟了個美女？離譜！離譜！有沒有搞錯啊？」摯友喊冤喊到讓我覺得不忍。他的個性我很了解，光從個性保守，行事風格嚴謹這點看來，實在不太可能犯這種「全天下男人都會犯的錯」（我也沒有犯喔！而且我絕對是眞男人）。

「後來啊，眼見時間太晚，一行人還是先回去。我老婆回到娘家痛哭整晚，其他同樣『親眼看到』的親友們則是氣得半死！一早七點半，小舅子更跑去旅館查證，人家死都不肯講，先說要保護客人個資，後頭只回應根本沒這個車牌啦！他氣呼呼地準備開車離去，竟然發現我這個『姊夫』的車子，他『親眼確認』車裡頭這兩人不會錯，確實是『原班人馬』，剛好從車道迅速開出，他還來不及追，這輛車就呼嘯上了公路揚長而去。」他邊說邊吊白眼，嘆了口長長的氣。

望著摯友，他滿臉「好嘔」的樣子，一時之間也不曉得該怎麼安慰他。他辛苦忙碌大半年，好不容易著作發表成功，雖然遭遇岳父驟逝的插曲，仍值得爲他慶賀；只是突然多出這種莫名其妙的指控，且指控他的人竟然還是自己妻子及岳家！一下子轉折如此之大，叫他情何以堪？

「小舅子說早上七點半左右，看到你的車衝出旅館，可是你在臺北的發表會是九點開始，從中部把車開過來，除非飆車闖紅燈還亂衝，否則哪有可能突破上班尖峰時間的塞車啊？」我不解地回應。

「嗳嗳嗳，就是這樣啊！老張，你要幫我作證！拜託拜託！」他緊張地抓住我袖子。「我八點半準時到你家接你一起，咱們去會場，你最清楚了，這段時間就算從中部飆到你家，怎麼可能嘛！我又不是神仙，說飛就飛，說到就到。」

我直覺想到這件事充滿許多不合理，後來乾脆建議他，咱們一起到你岳家弄個明白好了，摯友馬上答應，連本來中午想找家館子「慶功」的心情都沒了，就這樣馬不停蹄地直奔中部。

摯友的岳家位於中部山區，抵達住所前要穿過一大片的公墓及竹林。我每次通過這種地方總會不自主地打寒顫、起雞皮疙瘩，這回比較奇特的是，有個鬼魂竟然在車子擋風玻璃前附著，對著我冷笑後，立即消失不見。

我們抵達好友岳家，一下車就被他妻子的親友上前開譙，他擋不住所有指責，只能一再回應：「我沒有！我真的沒有！」摯友孤軍奮戰，我在旁看了很不忍，趕緊請大家冷靜，讓我幫忙把事情作個釐清。經過一番爭執討論，最後大家也同意了。

在客廳裡，桌上擺滿金紙與祭拜用品，大家情緒平復，可是在辦喪事時談「出軌」的事，氣氛滿尷尬的。此時，摯友的妻子從樓上走下來，兩眼紅腫，委屈哭訴爸爸死了已經夠難過，沒想到自己老公竟然背叛她「偷吃」，簡直太過分了。

摯友岳家親人首先打破沉默：不是冤枉我這位摯友，可是昨天深夜，大家的確看到他的車、他的人，而且還和某個陌生女子一同進了汽車旅館；今天早上，小舅子也看到他們離開，鐵證如山，叫他們怎麼可能諒解？

我想了一下，告訴所有人：今天早上八點半，摯友確實把車開到我家來，他車牌幾號天曉得，可是我搭過很多趟，很清楚，是他的車沒錯；他不可能把車開到臺中烏日搭高鐵回臺北後，再換車開到我家，時間怎麼算都不對。更何況如果按照小舅子說法，他沒看錯時間的話，那麼只花一個小時，要從中部開車飆到臺北，還正好會遇到上班尖峰時間塞車，照這種飆車方法，警察光開罰單都開不完了，當然不可能飆這麼快，除非小舅子看錯時間。

他小舅子算明理，確定他沒看錯時間，因爲「摩鐵」旁圓環，立有獅子會捐贈的電子鐘，確實指著七點半，而且他在車上聽廣播，也剛好聽到「半點報時」，並沒有錯。光就這點，姊夫就算飆頂級跑車，八點半也飆不到臺北。

「好，先解決一個謎團，」我繼續問，「你們昨晚幾點鐘看到我這位摯友的車？」

他岳家親友一致回答，就是大約晚間十一點前。我回頭問摯友，你昨晚十一點在幹嘛？他抓抓頭說，他實在沒辦法抓準正確時間。才剛把話講到這裡，他妻子破口大罵：「不就和那個野女人混在一塊嗎？我都親眼看到！」把所有人嚇一大跳。

親友們趕緊安撫她，突然間，摯友趕緊站起來，似乎想到什麼。他告訴大家，他昨天一早在家忙到晚間都沒有吃飯，晚上餓到實在受不了，才發現附近館子幾乎打烊，只好開車去還未關門的速食店用餐，吃完之後，又到附近超商影印幾張文件，如果上述店家有監視器，應該可以還他清白。

「不用看監視器啦！你買東西不就有發票嗎？上頭就印有時間啦！」我叫他找找看有沒有發票。

他想想，也對，終於從皮夾子裡，摸出一張昨晚十點四十分在超商影印的發票，上頭也印出店名。這還不夠，爲了再取信所有人，他說昨天買完速食套餐，就在車上直接解決，發票可能就在紙袋裡還未扔掉，於是快步回到車上找，果然看到發票，註明是昨晚十點十五分，上頭印有「臺北康寧」，證明他確實人在臺北。

但岳家親友們此時提出質疑。「我們不是不想相信，但如果發票不是他的，而是這位張先生昨晚留下的發票，萬一你們又套好了招，那還是有疑問啊！」

萬萬沒想到，原本不干我事，如今卻眼看著被捲入「套招疑雲」，有些不太高興，但既然被質疑，還是該爲自己澄清一番。我昨晚十點在幹嘛咧？其實從晚上七點到晚上十一點，我帶著老婆，與來臺的日籍友人吉田女士及其同學在小籠包名店聚餐，順便到她們下榻旅館大廳聊天，她們今天一早就搭機回去了。不過餐廳的發票應該是打在晚上八點多，就算我拿得出來，大概也沒什麼作用，只好當著大家的面，以手機的LINE詢問日本友人是否安抵家中，對方很快回應旅途平安，也再次謝謝昨晚我們夫妻招待用餐，不過因聊天聊太久，耽誤我們回家休息時間，向我們致歉。這一來一往的訊息，總算讓摯友家的親戚們心服口服，不再追問發票是否作假套招。

摯友也補上幾句說明，這次論文發表會對他職場生涯而言，是個重要關鍵，他為此準備了大半年，就為順利發表；誰還會在發表前一晚，帶著女人去「摩鐵」春風一度？以他拘謹的個性來說，既沒興趣、也沒念頭用這種方法「紓壓」，畢竟緊張備戰的時間都來不及了，只有狼吞虎嚥草草吃了晚飯，回頭繼續奮戰。說著說著，他妻子終於破涕而笑，情緒也比較緩和。

然而折騰半天，大家仍然難以釋懷：昨晚跟今天清晨都「親眼看到」的事，絕對不會錯的。難道看走眼嗎？如果一個人看錯也就算了，可是所有人都看錯嗎？這怎麼可能呢？

我沒辦法提出證據，倒是推斷出一個假設：有可能幾天前，摯友開車帶著妻子急返中部山區岳家奔喪，這過程中路過墳場或者竹林（一般來說，茂密的竹林「藏陰」居多）時，引起某個「魔神仔」注意；「他」呢，「見不得」這對夫妻如此恩愛，心有嫉妒，所以記住了車型、車號、身形輪廓，伺機等到昨晚製造假象，讓所有家人看到這種情景，進而引發軒然大波。這不是不可能喔！而且「他」製造這種虛假幻象，只要你們冷靜下來去追查，很快應有機會揭穿絕非眞實；然而「魔神仔」硬是不讓你們有機會接近那輛車——包括摯友妻子本來要下車，前往前車拍打車窗查證，但此時突然紅燈轉綠燈，只好作罷，這是一例；還有小舅子目睹姊夫車子快速衝出，直奔公路揚長而去，讓人無法追趕等等。這些就我看起來，都是「魔神仔」常用招數方法，也就難免造成許多誤會，導致紛紛擾擾不斷了。

儘管誠懇地解說，大家差不多能理解，只是仍無法完全釋懷。「是喔？難不成我眼花、其他人也眼花？」我也無法解釋個透徹，只好強調「信者恆信，不信者恆不信」，但至少我與摯友這麼多年交情，實在不相信這種嚴謹過頭的人會「偷吃」；更何況這兩天他爲了著作發表，已經忙得夠筋疲力竭了，眞的不可能花時間在中部地區「偷雞摸狗」，請大家就相信他吧。

在疑慮中，我們結束討論。我很抱歉沒辦法跟所有人解釋清楚，還讓大家半信半疑，摯友則頻頻向我致謝，感激我願意幫他洗刷冤屈，這就夠了，只是要讓他妻子與「目睹」昨晚狀況的岳家親友，能夠完全相信他是清白的，恐怕還需要很長一段時間。

我帶著遺憾回臺北，也不斷思考爲何會有這種問題。其間有個高人回應告知，確實不能排除「魔神仔」的因素，只是這種「集體看錯」還有不少原因，相當複雜，叫我別想太多，不如擱置，反正總有一天必然**水落石出**。

沒錯，果然很快就「水落石出」。四天後的早上，摯友從中部打電話來告知，妻子以及她娘家當晚「看到」狀況的親友，陸續夢見他岳父前來「抱怨」，說「他」死了之後，要忙的事如此之多，大家已經夠累夠煩，怎麼還在怪罪女婿有沒有「偷吃」？這明明就是被**魔神仔**給騙了，你們還信，眞是笨到可以啊！

幾個親友早上在家裡設置的靈堂上香祭拜後，紛紛講出這件事，連他妻子都覺得不好意思，沒想到自家爸爸還特別代爲「澄清」這種事，總算讓摯友稍稍寬心了些，也對於往生者親自「託夢」解答，感到萬分不可思議！

不過，摯友還是很感謝岳父，願意爲他的清白而「託夢」。他也希望能讓岳父知道，自己深愛他的女兒，這輩子絕對絕對不會背叛她，請岳父大人安心。我告訴他，不妨上香時再講一遍，或許你岳父的遺照，還會對著你相視微笑喔！

別好奇亂看「送肉粽」

「送肉粽」一詞並非凡人所想，以爲是「我包了肉粽送給誰吃」。此乃源自中國大陸泉州的除煞儀式，由先民傳到臺灣，漸漸成爲本土喪葬習俗之一，尤其以中部鹿港及其鄰近地區盛行；前陣子更有人以此題材改編爲電影，搬上大銀幕。這類儀式你上網都可以查到，來龍去脈就毋須贅言，只是我憂心很多年輕朋友完全不懂對這類儀式的尊重，也不曉得冒犯之後嚴重性如何。

憂心來自我的學生寄給我一段自拍影片。打開前我就察覺有不正常的靈動現象（不是電腦病毒），等到開啓方知是「送肉粽」的過程，趕緊追問學生，他還興奮天眞地表示「爲了發揚本土文化」，他不但熬夜全程跟拍，還開直播，一晚上得到好幾千個「讚」，連海外朋友都說：「好新奇啊！好有趣耶！可以參加國際影展了。」

這……天哪！什麼新奇、有趣啊？簡直要昏倒！這個笨蛋，你難道不曉得「生人迴避」的重要性嗎？只聽到這學生語氣不以爲然，覺得這老師在大驚小怪，而且這麼期待獲得讚賞，竟然還被潑冷水，當然很不是滋味。

唉！過去至今，我不曉得勸了多少回，像這類法會、喪葬、驅魔、誦經等儀式，最好別看，更別隨意拍下影像廣爲流傳，結果曾被某個文史工作者回嗆：「**你不懂文化傳承的重要性啦！**」唉！這跟什麼文化傳承完全無關啦！有時看到這類活動上有一群「好攝之徒」擺好腳架、抓起鏡頭大砲，也不管有沒有得到允許，就是快門不停按、不停閃，我沒資格阻止人家拍攝，只能默默祈求這些無知者，最好沒事，大家皆平安。

什麼原因？這還需要多講嗎？除了拍攝現場可能聚集你所看不見的「朋友」，影響你的靈魂與磁場，不排除形成無法預知的結果；同時，許多冤魂野鬼是可以依附在影像上的，若藉由傳輸，更有擴散效果，及讓更多其他「無形」依附與發揮其能量之虞！或許你會笑我「唬爛」，就笑吧，我不在乎你怎麼看待這樣的事；我也只能勸你，別拍這類事物，也別恣意散播，就當成尊重冥界的「肖像權」好了，起碼不招惹人家，你會比較安全些。

關於靈異照片與影像，過去我不少文章中都已談過親身經歷，甚至不乏險些失去生命的眞實案例。儘管如此，我大概被嗆過不下百回，每個來嗆我、打臉我的人都說，這類恐怖的事，哪有什麼可不可以拍的？如果有，那你倒是說說看，到底誰規定不能拍的？誰說拍了就會厄運連連？我不也拍了嗎？這麼多年下來，我不也好好的都沒事！

其中有位和我年紀相仿的華僑中年男子，曾經跑過臺灣、中國大陸、香港、馬來西亞、新加坡、印尼、美國、加拿大等地，利用相機鏡頭，去記錄當地華人的喪葬文化，還爲此開了私人攝影展，把各地華人社會最忌諱、最不願提及的事，意圖用影像表達出來。只是當面見到這位先生時，這才曉得，他身上與背後已經跟了一群「無形」，看起來顯然對他拍攝與公開展示照片「極不高興」，認爲受到侵犯，正準備反擊、收拾；不過此人算是命大，當下展覽如期舉行，未見任何狀況。對於他的打臉與嗆聲，我回應並不是要潑冷水，然而拍攝內容實在不妥，建議他最好收手爲宜，也把原因告訴了他。

「什麼叫不妥？」這位老兄怒不可遏，「你看到這裡頭有人脫光光嗎？往生者被褻瀆、侮辱嗎？出現不雅動作行爲嗎？這不過是忠實呈現出各地華人的喪葬文化，是你自己腦袋想歪，你才眞的有問題、有毛病！」

眼見勸阻無效，還被喝斥一頓，自討沒趣，也只能尊重對方，請多多保重。幾個月後，一架國際航線班機失蹤，他也是機上旅客之一，別說是遺骸找不回、生死不明，飛機連個影子在哪裡都不曉得！我不敢篤定說這與他之前的行爲有關聯，然而聽聞這樣消息，總會感到惋惜與悲傷，內心胡亂地想著：如果他當時願意聽我所勸，會不會就此躲過劫難呢？

回到直播「送肉粽」這件事。那位學生後來考轉學考，已前往另一所大學就讀，我與他就此失去聯絡。一年後，他的原校同學問我：「老師，你還記得XXX嗎？」我這才想起這位超級大膽直播「送肉粽」過程的學生。

「他『起肖』了！現在住進某某醫院。」學生說他進進出出醫院已經有好一段時間，還真把我嚇一大跳。我追問爲什麼發瘋，沒人可給明確答案，只知他轉學考上那所大學時，所有原班同學幾個好哥兒們，還結伴去KTV唱歌爲他慶祝；他倒是提到那段時間，在外租屋處似乎每晚都有人敲他房門，打開一看，外頭根本空無一人！更奇怪的是，他不時聽到有人在呼喚名字，可是怎麼回頭，就是找不著是誰叫他，讓他感覺很煩！有時睡到一半，床板也在搖，倒不是地震，可是睜開眼睛什麼都沒見著，搞得他睡眠不足。喔，還有啊，去廁所上大號，總覺得有人在摸他屁股！可是低頭一看，什麼事都沒發生，只覺得「屁屁好冷」……。

「我們幾個同學都說啦，那是你準備轉學考太累，準備到最後，出現『幻聽』、『幻影』，只是累過頭而已啦！」學生回憶當時對話，說他也點頭認同應該就是短暫現象，眞的沒什麼；反正即將轉往另一所大學就讀，興奮多過恐懼，難免行爲與情緒有些「脫序」。

但他不清楚，這個看似小事的誤解，卻導致後頭爆發更加嚴重的狀況。

聽完這些線索，心中已有個底，比較像是中邪，但我不能出手搭救，只好告訴學生，如果關心你這位同學，可能另找專業人士提供解方會比較好，我這個老師無此功力，只能對他們說聲抱歉。之後默默追蹤，這群學生藉由家長相助，找了某宮廟高人前往搭救，據說花了好大力氣，才將「送肉粽」過程中被干擾的「朋友」順利請走，並引導前往該去之處。說也奇怪，自此之後，這個大孩子彷彿大夢初醒，完全恢復正常，不再發生脫序舉止，這才讓我寬心。

有些道長及道士在接受媒體訪問時，對於參與「送肉粽」儀式等這類民俗法事，表達「只要對自己有信心」、「沉默與不擋路」、「別脫隊及不要亂看，結束後趕快去拜拜」

等遵守原則，就不用擔心。關於如此說法，我個人雖表達尊重之意，不過還是認爲，如果自己並非專業人士或工作人員，**仍強烈建議不宜參與！**因爲你可能看不到、也感應不到周遭某些磁場上的特殊變化，在沒有把握之下，最好別爲了滿足自身好奇心，硬拿自信心吹哨壯膽，卻惹來不必要的麻煩。

至於觀看網路直播的網民也一樣，不要以爲「我又沒有在現場」，熬夜觀看「也沒什麼了不起」，其實沒遇到怪異狀況算你走運，然而你以爲全然都不會有事嗎？連我這種業餘通靈人都不敢打包票，那麼你幹嘛把自己的膽子吹捧得這麼大、這麼滿？

有個民俗專家說得好：「**請用敬畏之心，盡量迴避，把路讓給該走的『人』，沒事別亂看！**」沒錯，請用敬畏態度來面對，倒不是教你膽小成性、阻擋你的冒險與好奇之心，但有些事可不是你所想像得如此單純易解。

就像有網友問：「我既不是佛教也非道教徒，參加這種活動有何不可？」拜託啊！你以爲不信特定宗教就不會有事？「無形」若要接近你，還挑你信哪個或不信哪個宗教？你也太天眞了吧！

另一種可怕狀況是，這幾年來，網路上竟出現「參加送肉粽活動教戰守則」這類內容！除了列出消極面的忌諱項目叫你別犯，積極面則教你在額頭點硃砂，以及念咒語、貼符咒等方法，居然連「畫符教學」都有，還滿煞有其事的咧！我的媽呀！就算你逐一遵照去做，果眞猶如金鐘罩護體而不壞？萬一你弄錯規矩，或者某些「道具」根本毫無效果，你辨別得出來嗎？我還看過年輕人自己照著網路教學「無師自通」畫符，還亂畫一通，貼在身上壯膽夜遊，甚至幫身旁夥伴也畫張符咒「保平安」，簡直兒戲。

這款胡搞瞎搞、戲謔式地做防護，在完全無效的情況下，若眞的像上戰場一般參與「送肉粽」，我好擔心一旦出什麼狀況，不見得有人會幫你排除問題，恐怕就要後悔一輩子。

總之，小心駛得萬年船，我強烈提醒朋友們，若「有機會」遇到「送肉粽」這類活動，建議迴避，最好乖乖在家別亂看、別參與，或者早早休息就寢爲宜，別自以爲膽子大，可以向同儕大肆炫耀一番；到時若沒事歸沒事，我會對你福大命大而鬆一口氣。不過，萬一「送肉粽」沒送成，卻莫名其妙葬送你的寶貴人生，別怪我沒事先提醒你，因爲我已經講得夠清楚；也別後悔——反正後悔也來不及了！

夭壽退貨者

朋友在農曆七月「關鬼門」前幾天LINE我，說有緊急的事，拜託我到某山腰中他住的社區一趟。我搭著公車，路途中回訊問他什麼狀況，他說他也不太清楚，就是四歲兒子不曉得怎麼回事，這幾天突然陷入昏睡狀態，看過醫生都說沒事，但就是人變得懶洋洋、沒胃口、不停拉肚子，而且半夜一直重複夢囈：「**我沒有啦！我沒有啦！不要啦！不要啦！**」還伴隨身體抽搐症狀，這是以前沒發生過的怪異狀況，他很擔心。

到了朋友家，朋友急忙將我帶到他兒子的房裡，我不假思索第一句就脫口而出：「**你兒子房裡怎麼人山人海啊？**」（照常理應該不可能。）

朋友瞪大雙眼，一臉驚愣地看著我，我馬上曉得話說得太快，把他嚇得魂飛魄散，但沒時間先解釋。只是看到他昏睡的兒子，兩旁都有「另一個時空的好朋友」在搖他、罵他、打他，手臂都出現瘀青了，便覺得很奇怪；我想他兒子應該沒有得罪這幫「兄弟」

吧，有「皮」到這種程度的功力嗎？為什麼「兄弟們」都要針對這小孩，罵他、鬧他？

經過大約半小時的感應，我只知道這幫「兄弟」極度不滿這小孩**亂吃原本給他們的祭品**。

這孩子有偷吃或偷藏中元節普渡拜拜的祭品嗎？朋友搖頭，說這孩子很乖，平常都有好好教，他不會偷吃任何未拜拜的祭品，想吃拜過的祭品也會先問。喔，對了，原本是中元普渡那天要拜拜，由於他這個一家之主臨時有事到日本一趟，所以全家人等他回國才拜拜；而且拜完了、祭品都收好後，他兒子問大人「可不可以吃拜拜完的餅乾」，這才讓他吃。大人如此敬鬼神，小孩怎麼可能偷吃呢？不可能。

「是吃完餅乾之後才這樣？」我問。朋友歪著頭想了又想，「嗳！好像是喔！而且拜完的所有食物都還沒開始處理，只開了這包餅乾。我看過保存期限沒問題，也沒受潮，但小孩吃了兩片就出事了。」

原本以為答案迅速找出，可以向這幫「兄弟們」解釋，可能是場誤會，但感應了半天，我這款功力很不容易與對方「連線」，折騰了快三個多小時，還是只得到「**這小孩亂吃原本給他們的祭品**」這句話。我應該是沒理解錯誤。

「兄弟們」是很直率的，這點我絕對相信，也代表小孩確實有吃祭品的行爲，可是我這位朋友也不可能騙我啊！確定有「吃」，但堅稱絕對不是「亂吃」，那麼到底怎麼回事呢？必須問個清楚。

我功力眞的很差，儘管溝通半天，「兄弟們」也說了半天，我還是無法理解他們到底在憤怒什麼。後來聽到「**祭品跑來跑去**」這句話，突然靈光乍現；起先以爲是小孩偷吃別人家的普渡祭品，經再三確認「不是」後，我開始懷疑**這個祭品來源似乎不太單純**。朋友告訴我，他們都是到傳統市場採買祭祀要用的三牲，然後去大賣場買什麼泡麵啦、糖果餅乾啦、飲料啦、罐頭等等。喔，還有，因爲之前他出國，所以是他太太開車去賣場；因爲人多混雜，回來時一算，少個幾樣東西沒帶回來，像是一大袋糖果餅乾，可能忘記拎回，也或許被人趁亂摸走了。

「後來呢？」我沒像「柯南」那樣具有高度抽絲剝繭的推理辦案能力，就只能笨笨的、一步一步推演回去。「你們應該有補買吧，回大賣場再買一次是嗎？」

因爲補買也是朋友的太太處理，必須要問當事人。朋友趕緊打手機給他正在值班的太太，她回話說，拜拜當天要忙的家務事多，還要到幼兒園接小孩回家，實在沒有太多時間再到賣場，因此所補買的糖果餅乾，這回是從社區裡唯一的一家小型商店買來。

我一聽，問了商店地址，沒多說什麼，就說先出去遛達遛達再回來，順便思考怎麼來幫忙解決問題。朋友看我臉色凝重，還以為他兒子「沒救了」，再次嚇得六神無主。我告訴他別想太多，我出去逛逛，說不定答案在我回來時就找到了。

他不放心地開門「放」我出去，還不斷叮囑我「別溜回臺北不管啊！你剛才還說我兒子房裡**人山人海**……」我瞪了他一眼，「安啦！安啦！都交代過了，不會有事，『他們』不會找你們，只會找我！這樣你高興了吧？」

我還沒到那家社區商店，鼻子聞到一股不尋常的「燒金紙」味道，循著味道找到這家商店，相信是這幫「兄弟」指引，再看到商店門裡門外，也有一些「朋友」懷著怒氣，於是慢慢從靈感中得到線索，差不多找到答案了。

為求慎重，再次感應「另一個世界的朋友」，請「他們」讓我知道怎麼回事。但這次聽到的是七嘴八舌，讓我「接收」到的訊息更混亂，最後我被煩到大吼：「好啦好啦！一個一個講！」走在街上的居民被嚇到，以為來了個神經病胡言亂語，害得我連忙鞠躬道歉，然後躲在街角繼續感應。

好，長達十多分鐘，我像隻「木雞」站在街旁不動，終於將訊息拼湊出來，知道是怎麼回事。

原來這社區旁有家小型工廠，中元節當天，派員到這個社區商店買了一堆乾糧、泡麵、糖果餅乾拜拜，總價好幾千塊；拜完之後，工廠的會計主任一時詭計心起，爲了省錢突發奇想，這些食品乾脆連拆都不拆，竟然全部搬回來說要退貨！

喂！**哪有人家拜拜完還退回祭品的？**這樣對「兄弟們」不敬、不尊重，更是極端**缺德**耶！

缺德又怎樣？人家說要退就是要退。店裡老闆不在，還在唸書的小女兒不敢作主，這工廠會計主任挺惡質的，亂掰《消保法》有規定「七日內不拆封可退」，硬要把錢退回來；這小孩子哪懂什麼法、什麼規定，誰知道是眞是假，但望著這大人惡形惡狀又大聲嚷嚷，怕了，只好乖乖把錢從收銀機吐出，結果讓店裡堆了不少貨。老闆回來很不高興，本來要理論一番，但繼而想起，平時工廠也有不少員工會來「交關」買東西，還是忍忍好了；況且這些貨品既然都沒拆封也沒壞，那就**擺回架子上繼續賣吧！**

那個會計主任犯了大錯，商店老闆也跟著犯錯，當然惹得「兄弟們」更不高興了。

此時，我偷偷望著那家商店，看到老闆揮汗忙著搬貨，這面相看起來應該還算和善，稱不上什麼大壞蛋，只是很想告訴他，把拜過的貨品上架再賣，這樣恐怕會招來災禍喔！然而我的注意力更快被這幫「兄弟」拉走，於是回頭忙著思考該怎麼辦，就不管這老闆了。

想想，無辜的朋友家小孩，就這麼巧，媽媽前往商店，買到先前工廠拜過又退回的貨品，接著重複祭拜，他才吃了兩片餅乾就「中獎」，搞到雞飛狗跳，覺得這小孩實在倒楣透頂！於是跟這幫「兄弟」商量：「你們」要怎麼樣處置，我不能有意見，但建議還是放過小孩，這樣並不爲過吧？好不好？

我站在路邊，從下午溝通到傍晚，耐著性子說明再說明，這才讓「兄弟」決定放過這孩子。至於那家工廠和商店該怎麼處理呢？這可不是我能建議的，就留給「兄弟」去判斷，順其自然。

附帶一提，其實也不是只有朋友的兒子出狀況。這社區裡好幾個老人跟小孩，都跟這問題有關，**吃了重複祭拜的食品**，陸續出現昏睡、拉肚子、沒有元氣的症狀，但我知道，他們捱過一陣苦頭後，很快就會恢復正常了。

回到朋友家，朋友喜出望外，一邊抱怨我出去這麼久，一邊指著醒過來的兒子，說他剛才直嚷嚷肚子好餓呢！於是朋友趕緊煮兒子愛吃的稀飯配肉鬆，但發現家裡沒肉鬆了，可不可以拜託我去那家商店買？

啥？還去啊？萬一又買到……我沒多說，只告訴他，不用配肉鬆啦，再轉身跟餓壞的小孩說，別吃什麼稀飯配肉鬆啦，阿伯弄個更棒的粥，保證他愛吃！可以吧？他樂得拍手點頭，於是我更來勁，忙翻他家冰箱找到瘦肉、蔥還有蛋，弄了鍋「蔥花瘦肉蛋花粥」，這小朋友非常捧場，連吃三碗還喊餓，讓我安心這孩子總算恢復正常，沒事了。

朋友沒多問我，但按照彼此默契，他當然相信我剛才外出，是要「處理」事情，感激之餘，堅持要開車送我回臺北。但我告訴他，你不可以丟下兒子一個人在家喔，這是違法的；要是把他帶著一起出門，現在還是農曆七月，小小孩最好傍晚後別外出爲宜，所以請你好好待在家照顧你兒子，這裡有公車可以到車站，我自己再轉車就好，不麻煩。

其實我並沒有資格、也不算眞正「處理」事情，不過只是溝通請求，讓對方願意讓步罷了，而且自作主張建議朋友重拜一遍，算是賠罪吧。然而聽過某些高人說，這種事不太適合重拜！但既然做出建議，朋友照做後全家並無異狀出現，這才放下心中一塊大石。

回頭再說這件事過後沒幾天吧，我到板橋某家醫院探望住院的另一個友人，經過隔壁四人病房，看到有個「不算陌生」的面孔，躺在病床上痛得唉唉叫。我想了好久，才想起……咦？不就是那個商店老闆嗎？就這麼巧啊！我沒進去，只是在病房外頭站著偷聽，大致上聽到醫生說好像還要再檢查什麼項目，以確定病因。

我嘆了口氣。唉！查不出來的啦！我想，這老闆要是趕緊向「兄弟們」道歉，或許會好得更快，但還是不說的好，畢竟該有的懲罰，這可不能阻擋。不過我相信再過一陣子，這老闆應該無事，而且還莫名其妙就出院也說不定。

至於那家工廠的會計主任呢？我不知道，只是幾天前的報紙，刊載某工廠突然起火燃燒，半邊廠房受到波及，看位置好像就在朋友家社區附近，但是否就是這家並不確定，但讓我有些錯愕，眼睛瞪得好大。

以前聽過有人說，中元普渡拜拜，不過就是活人自己在「拜心安的」，哪來的鬼啊？證明給大家看看啊！我通常會嚴正駁斥這種論點，請這些朋友不要因爲看不到眞相就亂講話，這種心態讓人感覺不安與不妥。然而現在，當發現有人普渡拜拜，拜完竟然用退貨方式想省錢，心態上更令我感到恐怖啊！畢竟這種行徑太不敬也太惡劣了！話說普渡當然不是在比誰家祭品擺得多，其實誠心誠意最重要，可是「拜完退貨」的行爲，很可能讓無辜的人受害，自己也會跟著倒楣，眞的很**夭壽啊**！

夭壽啊！夭壽啊！夭壽啊！因爲眞的很夭壽，所以要唸三遍。

附錄：鬼月Q＆A

很多朋友對於鬼月，似乎留存著一些奇奇怪怪的禁忌觀念，在我看來，部分網路上傳言可能有商榷的餘地；以下就個人經驗，提供給各位朋友參考。

先聲明：這是指我「個人經驗」，並非其他人皆如此。請不要告訴我「誰誰誰」或「哪個大師」講的跟我所言有所出入；每個通靈者或通靈師，感應能力各有不同，所見所聞自然會有差距，我僅能就自己感受作忠實說明。

問：只有鬼月，鬼才會出來嗎？

答：如果只有鬼月，「阿飄」才能夠出來，豈不「悶壞了」？所以一年三百六十五天，天天都有「阿飄」到處遊走，並沒有所謂「季節限定」或「限量版」，不用懷疑。至於農曆七月「開鬼門」與中元普渡等相關儀式，我個人表達尊重與萬分支持之意，畢竟那是對陰間亡魂的一種尊敬與禮遇；我認爲眞正意義，是要告訴陽世間的人們，絕對莫忘「阿飄」，應予隆重款待，保佑諸事太平。

雖然「阿飄」沒有「季節限定」或「限量版」，卻眞的看過「復刻版」——穿著清朝官服的「老阿飄」；不過你也不用想太多，「他」沒有像港片《暫時停止呼吸》中的殭屍那般用跳的。

問：聽說拜拜時燒紙錢，鬼魂因怕熱而不敢靠近？

答：燒紙錢所產生的香灰，反而應該更能吸引「阿飄」上前吧！畢竟「他們」最喜愛這樣的「能量」，講白一點就是「喜歡吃啦！」（這是我的理解）。

有時候看人家社區大樓中庭，那個住宅管委會習慣請各樓住戶集體辦中元普渡，紙錢堆得比山高，燒起來熊熊烈火煞是驚人！但看不到的另一個世界，更多鬼魂特愛這種「感覺」，「集客力」相當有效。燒紙錢時，最好別靠爐太近，一方面是避免灼傷危險，二方面則是避免妨礙人家「飄哥飄姐」的「享受時間」。

民間信仰裡，燒紙錢乃傳統習俗的重要一環，就算環保意識高漲、PM2．5問題嚴重，這種儀式根本不可能廢除。因此何時燒，這個時間拿捏掌握上，就顯得格外重要了。

一般我會建議在早上七到十一時燒紙錢，到了午時（上午十一時）起，因爲陰界物質活動開始頻繁，就請逐漸減少；在傍晚大約下午四、五點鐘過後，能夠不燒就盡可能別燒，特別是晚上，眞的不建議這樣做，以免現場變得「熱鬧」。

往年中元時，曾見某些民眾（非廟宇）竟選在晚間祭拜「好兄弟」！不知是「不懂」或者「故意」，這種做法讓我瞠目結舌，因爲我看過大規模的燃燒紙錢場面，「躬逢其盛」者簡直「人」山「人」海！好嚇人哪。或許有些地方習俗如此，也只能尊重。

問：鬼月的一天二十四小時裡，深夜鬼魂出沒才最爲頻繁？

答：在我的經驗裡，鬼魂並不分什麼時候出現或休息，各個時段皆有。看過出現最多的時段，大約是凌晨三至五時，以及傍晚七至九時（我也納悶，這是吃晚餐時間耶！不過這是個人經驗），屬於尖峰，其次是整個夜晚其他時段；比較少出現的時段，是上午五點鐘左右、天空逐漸亮起後，直到上午十一點，據說這個時候的「陽氣」鼎盛，「阿飄」較爲「沒有元氣」。不過這種說法，或許對，也可能不對。

爲什麼？我固然曾經目睹，白天上半天時段出現的「阿飄」，「活動」能力上有些遲緩，可是也看過清晨拍的靈異相片，從感應中發現那些「無形」非常活潑頑強，並沒有所謂「沒電」情形，看來應稱之「因『鬼』而異」。

倒是聽過一些靈學大師說法，白天的上半天對鬼魂來說，行動能力上因某種特殊因素（這個因素眾說紛紜，沒有標準答案）而受到一些「約制」，但到午時之後，陰氣逐漸開始凝聚，活動力又開始增強起來，直至傍晚慢慢達到高峰，進夜晚後再恢復「一般水準」。

然而，也有另一派權威說法是：並不分時段，而是看地點與磁場。像是以陰暗潮濕處所來說，日照難進，自然讓鬼魂有滋生茁壯的「聚陰空間」；有些場所磁場亂、磁場不調和，也會讓「阿飄」有著「群聚效應」。

依個人感受看來，兩者說法皆有可信之處，沒有誰對誰錯之分。

問：爲什麼有人會見鬼、撞鬼，有些人卻又不會？是因爲八字輕重嗎？

答：八字重的人照樣可能見到「不該見到的事物」，家裡長輩就有六兩八的，夠重了吧？還不是照樣看得到！所以那些「斤兩十足」的朋友，不用自我安慰了，人人都有機會，只是有沒有把握看到而已。

以科學論點來看解釋，這要看個人體質與磁場頻率，能否正好與冥界相通。我最喜歡舉的例子就是「廣播電臺與收音機」，假設鬼魂是「廣播電臺」，你是「收音機」，只要頻率轉對了，自然會接收到「電臺」給你的訊息；至於什麼時候「頻率」怎麼「轉」、怎麼「撥刻度」才能相通？很抱歉，連大師級人物恐怕都很難回應，畢竟這是因人而異，同時也要看你的「機緣」。當然，最好還是別遇到比較安心。

儘管很多人都很怕這種「機緣」，不過並非所有「阿飄」都愛嚇人或害人，這一點要替「他們」作個澄清。說不定你遇到阿飄之後去買彩券，每買必中大獎。

問：鬼月進飯店住宿，一定要先敲門稟告才能相安無事嗎？

答：就算你先敲門稟告，也不能全然保證「阿飄」不會在裡頭「搞鬼」，最重要的是，裡頭有沒有「阿飄」、有沒有「惡靈」！假設「有」，你「稟告」有用嗎？可能只有針對比較明理的「阿飄」有用而已。

你若進入房間後，感覺不適時（這種機率很低很低，別自己嚇自己），趕緊跟櫃臺要求換房間就好，別無它法；有時候只是裡頭的「飄集團」不歡迎有人進來干擾，想攆你出去而已，快點遠離地盤，倒不至於要你「雞飛狗跳」。

同理可解，不必太過相信有人警告鬼月住飯店「別把衣服吊在衣櫃裡」這種說法，只要有「阿飄」在房裡，衣服吊哪裡都一樣啦！但也別過度畏縮，抱持平常心即可，有些「阿飄」才不管你衣服吊哪裡，真的因「鬼」而異。

總之，相互敬重比較實際。不過，你如果是那種「不信邪」性格，凡事太過「鐵齒」也不對；若硬要「用科學文明逼迫人家卑躬屈膝」，那麼對方也可能會讓你見識什麼叫「恐怖的驕傲」！

問：鬼月只有晚間不宜曬衣服？

答：沒有所謂「只有」晚間曬衣服必招來「阿飄」的事，就連吹口哨也是如此，最重要還是在於你曬衣服所處環境，是否會有這種磁場紊亂、易產生鬼魂「駐守」或「遊蕩」的情況。如果磁場混雜、遊靈特多，就算日正當中、陽氣正盛時曬衣服，你依然有風險。就普世說法加以分析，應該是說鬼月夜晚曬衣服，遇到「那種情況」的機率會比較高些，可是並不代表其他時段就一定ＯＫ，畢竟這年頭無形的朋友眞的太多，躲也沒得躲。

我倒建議各位請按平常作息即可，生活上不要太過拘泥，或被所謂的「鬼月禁忌」牽制，搞得神經兮兮；畢竟你越害怕，「阿飄」絕對會更愛你！只有拿出你的強勢態度來抵禦，抱持「我不犯鬼、鬼不犯我」的自信才對。想想看，把自己生活搞得步步驚魂，天天疑神疑鬼，根本毫無意義。

問：整個鬼月不宜嫁娶？

答：請翻開農民曆，就算農曆七月，照樣還是有不錯的嫁娶吉日。如果大家都要這麼迷信，那麼爲何眾多不是鬼月、且於吉日結爲連理的夫妻，最後都成了怨偶而離異？況且鬼月結婚，喜宴可以打折，不會跟人家擠，未必就是觸楣頭喔。

有人指鬼月結婚，「阿飄」會從中阻撓，實爲無稽之談。至少到目前爲止，我還沒有聽過哪位「阿飄」，純粹故意搗亂人家的姻緣或婚宴，除非是男女其中一方先前曾得罪「阿飄」，或係爲實屬例外的「前世因果事故」；而且不論在哪個月份、哪天結婚，都可能存在意外的風險，所以，並非純粹鬼月就必惹禍。講得更直白一點：應該沒這回事。

問：鬼月時女性若遇生理期，「阿飄」不敢靠近？

答：很多人以爲女性生理期間，鬼魂會因爲「覺得髒」的緣故，不敢靠近該女性，其實我是持相反看法。

女性生理期間，某些鬼魂照樣會接近，不是因爲「嗜血」，主要原因出在女性體質虛弱；當體質虛弱時，磁場氣場當然跟著不強，對於某些鬼魂而言，這是最好的接近機會。如果「阿飄」怕血，那西方何來「吸血鬼」一說？因此，女性生理期間，更應避免前往較易聚陰的場所，比方說殯葬場合、墳場、太平間、荒野山林、溪流河海之地。同理，生病感冒、睡眠不足、正在養病者，更不應該趴趴走，好好養病或休息，讓身體盡快恢復，方爲良策。

我就說嘛，靈學有時是可以與科學相互輔助及對照說明的。以上說的這些，和科學諸多之處是不謀而合的，不是嗎？

以上只是整理眾多朋友所提出的問題，挑選部分作解答，謹供參考，信不信在你。

圖像傳來的靈異訊息

由於自己學的是大眾傳播，又在電視臺任職，並在大學教書，因此工作上與影像領域息息相關。我曾和親友、同事、學生在私下聊過，一張照片或許平淡無奇，但有時就是很奇怪，它竟然可能與靈異相關！把好多人嚇了一跳；也有不少人提及這方面問題，大致上是對自己拍的某些照片，或者已逝親人的照片有所疑慮。

綜合歸納各方意見，我的看法是：對已逝親人遺像、畫像，特別是黑白大頭照，除非掛放在設有神像、祖先牌位的廳堂或祠堂，否則並不建議出現在客廳或房間裡「照三餐懷念」。不是我這個人不念至親、不尊長輩、不慎終追遠，「大逆不道」的事我還做不出來，但只要家中廳堂無供奉神明、祖先牌位，還是將這類照片收藏、妥善保存為宜。主要是為了防範來自外部某些「無形陰邪」沾染、附著、干擾；再者，也不至於讓某些有忌諱的外人來訪時，看到這類圖像會覺得**好毛**。

當然，不是說照片放進有神像、祖先牌位的廳堂、祠堂就一定沒事。除非整座廳堂已經被「無形」攻陷、變成鬼屋，否則像這類圖像、照片放在這樣的場所，環境上既恰當，多少也能有庇蔭效果。

相信有人想問：怎樣才知道先人遺像、遺照被「無形」入侵？嚴格來說，應以個案判定，原因與後果並非全然一致。最簡單的判別方式，就是你家未供奉神明、牌位的客廳，懸掛這類照片或畫像，會讓整個客廳環境，在盛夏酷暑不開冷氣都照樣陰涼，甚至還感覺寒冷，與一般人對房屋座向方位、日照的認知不合；或者你偶爾經過客廳，覺得照片中的人眼，似乎在對著你看或眨眼，也許感受到臉部輪廓「好像」有動作，那麼可能要懷疑是否有「無形」在惡作劇。

但特別聲明，不是所有「症頭」就必定是「無形陰邪」造成，對另一個世界的朋友來說，老被貼上一堆罪名，未免也太冤枉了！其實還有更多因素，是活著的人自己「心裡有鬼」，凡事都聯想到「有鬼」，親人遺像看久了當然「鬼魅叢生」，明明沒事，心裡還是感覺有事！然而，若不僅一個人有這種感覺，那麼請高人協助判定、確認、處理，我認爲仍有其必要性，至少求個心安；倘若眞的發現有這種情況，至少「早期發現、早期治療」，以免節外生枝，影響自身與後世子嗣運勢。

說這麼多，那到底該不該掛咧？以上陳述就已經告訴你，掛在特定場合應該無妨，更何況在臺灣，眾多家族仍保留祖宗祠堂這類設施，特別在閩客族群的三合院或四合院裡，正堂中央供奉神明，並立祖先牌位，祠堂牆上更習慣掛滿歷代先祖畫像或遺照，供後代子孫懷念追思；若有晚輩堅持不掛先祖遺像或畫像，可能還會令某些長輩怒斥爲「不孝」或「背祖忘宗」，故這種習俗至今仍根深柢固，同時人們會更盡心盡力裱褙，永久維護。

先人所留下的容顏影像，在正常情況下，到底有沒有「靈性」在裡頭的可能？我告訴你：**有可能**，而且先人若有交代事項想傳達給在世家人，這種影像就是最直接的媒介。

家父年輕時某日就寢後作夢，夢中見其已逝祖父（就是我的曾祖父）突然從祠堂牆上自身的畫像離開、跳下，沿著牆面邊走邊抱怨，說整個人都被淋濕，從夢境中看來也確實渾身濕透。翌日，他將夢中情況告訴我的祖父，祖父覺得怪異，於是前往曾祖父墓前觀探，方知大雨災後浸水！驚訝之餘，趕緊請專人前來處理，幸好最後無事，看來曾祖父也就安然「重返」圖像中，從此未再出現「濕漉漉」的奇特異象。

至於我自己，除非特殊狀況，否則不會親自參加喪禮。有時在殯儀館告別式場館外，向內看到各喪家往生親人照片掛於正中，常「聽到」及「見到」一般人所感應不到的「風景」。比方說，有的死者泣訴子孫不孝，都是爲了財產，各懷鬼胎；有的則感嘆自己陽壽過短，從發現胰臟癌到死亡不過短短數週，此生豪情壯志消弭無形，豈不傷悲？也有的歡天喜地，不斷自稱如釋重負，總算擺脫病魔摧殘，如今身輕如燕，親人何來悲傷？既不必照顧，也不用被照顧，兩不相欠，彼此應該喜悅祝福才是。

最「勁爆」的一回，是在參加友人告別式後，到殯儀館廁所「小解放」時，意外聽到兩個穿著疑似禮儀公司人員的小聲對話，提到隔壁的隔壁那個某某廳，現在是某某年輕女子的告別式，據說是被殺害的耶！好慘！雖然案子破了，但聽說還是疑點重重，你看，新聞臺的SNG車都開來了。

聽到這種八卦，我雖然沒胃口到人家場子祭拜陌生女子，但倒是很好奇，會有哪些人來參加告別式？於是我稍微繞過去，到廳外大致觀察一下。沒想到遺像上的女子照片，突然在我眼前變大，美麗臉龐瞬間變成恐怖殘缺的惡相！還好我剛上完廁所，否則必定嚇到閃尿。這個女子開始對我嘶吼狂喊：「**還有一個！還有一個！是XXX，他就坐在這裡！就坐在最後一排那個！他跑不掉的！跑不掉的！**」

如果是你，聽到這種影像與聲音，會有什麼感覺？我在頭皮發麻之餘，開始思考「還有一個」到底什麼意思？是「還有一個凶手」嗎？或者「幫凶」？還是「另案涉嫌」？或許有「其他意義」？我該不該告訴喪家呢？不，人家已經夠哀慟了，別再打擾；要不然告訴警方？不，沒證沒據，還沒頭沒腦，要是亂猜亂兜，搞不好招惹誣告訴訟更麻煩。那要叫我該怎麼處理呢？結果越想越頭痛，最後還是逃之夭夭，誰都不想轉告。

大概是那個往生女子不滿我的「服務態度」（蛤？我應該沒這種義務吧？），那天我回家後，沒吃到壞東西，卻連續八天狂瀉肚子，中間還有一天上班時突然暈眩狂嘔，整個中午躺在公司的醫務室裡，到傍晚才恢復正常。

扯個題外話：以前看國外偵探片或警匪片，印象中曾見靈媒協助辦案；有的靈媒盡忠職守，有的則胡說八道，但基本上都不會有什麼事，看到什麼就講什麼，不用擔心法律責任，讓人羨慕不已。這要是在國內，我看也就算了，明哲保身為先，以免陰間的忙還沒幫上，自己在陽間就惹禍上身，更何況我本來就沒有領旨，無法替人辦事，頂多協助傳個話，就差不多是極限了。

有位女性讀者在未經允許下，硬將其往生不久的母親遺像傳給我，拜託我感應，很想知道媽媽最終遺言是什麼。本來要罵她一頓，因爲這樣做既不禮貌，也極不道德。只是後來藉由被動感應，才知道這個母親生前病危當下，因爲插管無法言語，僅能發出微弱而急促的聲息，令在旁的女兒心急如焚。原來母親是要提醒女兒保重自身，別再跟「那個壞男人」在一起，不會有前途的！妳會被拖垮的！然而先前母女每回談及這個話題，必有嚴重衝突，老人家勸說無效，僅能閉嘴不敢多談，心中焦急不已；特別是女兒爲這壞男人，已經負債累累，還持續被「吸血」，雖心力交瘁仍執迷不悟，令老媽媽傷透了心，最後選擇自殺以明心意！當我將訊息告知對方時，透過手機，那位女性讀者泣不成聲，哭了大約半小時，最後誓言將會聽媽媽的話，和壞男人做個了斷。

目前是否已經了斷，我不曉得，不過要言明在先，這次「強迫中獎」的例外鑑定雖是頭一遭，卻也是最後一回，往後請各位不要將什麼照片，在未先經我同意下全傳過來要求感應！這裡不是「阿飄鑑定中心」，也請尊重我的生活方式，且有的感應未先獲老天爺允許，我也不能處理，跟「你不夠朋友」、「我是你的誰誰怎麼可以不幫」、「爲什麼誰誰可以，我就不可以」無關。若不先溝通獲得同意，硬要寄來這類照片，管你家人遭逢死亡車禍急著找肇事者，還是迫切想知亡者有什麼話要交代，我一概拒絕受理，不予回應。

狠話撂過了，繼續談影像這個話題吧。

很多靈異照片裡，常會出現不該出現的「人」，不用我解釋，大家都會說「阿飄」來了。但你可能也見過照片裡的活人，明明四肢健全，爲何有時出現下半身變隱形，或者缺了一隻手或腳、甚至臉不見了？這到底該怎麼解釋？也算靈異照片嗎？

在我看來，這種「活人殘缺照」也算靈異照片。撇除利用攝影技巧可以製作並呈現的特殊影像，如果被攝體有這種「殘障」影像，很多時候可能是當事者的某個往生親人（特別是長輩），利用這種方式提醒注意。壞的方面多爲警告將有大難，或者好的方面想，則有事想拜託處理（一般以祖先問題最爲常見），大致上就這兩種，如果不會一直發生，就不用過度焦慮，有空記得處理就好。

但這裡也有例外狀況，那就是大氣環境中「無形」在惡作劇，而且不斷發生，那麼就要研判「無形」纏身的可能性；特別是若你被拍照，形體出現這類異常畫面頻率偏高，或許就該提高警覺，要是心有罣礙需要排解，那麼以你自己的宗教信仰請求神明護佑，或請高人協助處理，應屬可行方式。

不過一般來說，照片出現不該出現的「人」，才是我們對判別為靈異影像最直覺的「標準」。現在是數位時代，隨拍隨看，不用像以前需要使用底片、沖印那樣麻煩；你要是拍到覺得不太對勁的影像，看了會讓你感覺不適，那麼請將所拍的問題畫面，從你數位相機或手機中直接刪除就好。

會不會發生**刪不掉**的驚恐狀況？這我曾遇過，而且還無法將數位相機電源關閉咧！那該怎麼辦呢？當時的經驗，是盡可能立即離開這個拍攝地點，然後再試試相機，就能夠正常運作了。玄吧？

可是以前使用底片相機的年代，遇到這類事情就麻煩得多。多年前當過旅行團領隊，我曾在日本幫團員在神社正廳前的庭院拍團體照，四十個團員集合排排站，大家歡天喜地擺出笑臉，但洗出的照片畫面可讓我笑不出來，而且快被嚇死！因為照片裡人數，竟然變成六十個！怎麼回事？因為團員後頭，居然還站了二十個在二次大戰時代死亡的日本老兵前來「湊熱鬧」！而且看來每個幾乎穿得破破爛爛，臉色猙獰或痛苦，甚至形體不完整。

這個神社並不是「靖國神社」這類祭祀軍魂之地，何來日本老兵鬼魂在此？後經感應得知，原來該神社原址旁，二次大戰期間是個兵工廠，在某次裝填火藥過程不慎大爆炸，在場眾多軍人慘死，因殘骸不全、難以辨認，故將骨骸和遺物集中埋葬於此地；由於當時兵荒馬亂，沒有辦理招魂儀式，致使冤魂停滯原地，無法前往冥界報到，所以想辦法請陽世間的人幫忙。

好啦！照片洗出來了，這該怎麼處理？賣給出版公司來印一本《阿飄影像大全》嗎？不，這非常不敬；若將照片連同底片直接燒掉，恐怕會有後遺症，畢竟已經沾染「靈性」在裡頭，此法更是不宜，極可能招來報復。最後沒辦法，我只好將照片再次帶往日本，請日本方面的友人透過當地神道儀式「化解」，終於功德圓滿，鬼魂也得以前往該去之地。不過我還算有良心，至少沒將這張照片加洗、分送給團員每人一張，否則必定雞飛狗跳。

鬼話連篇這麼多，希望不會讓你受到驚嚇。回頭倒是再提醒你，如果你對這類「無形」干擾，在潛意識裡就存有憂慮，應對上又沒有太大把握，那麼對已逝親人或友人的照片、影像資料，請以妥善保存為主，懷念時再拿出來看看就好，既能降低風險，也讓這些資料得以流傳久遠。

不過你的記憶力最好再增強些，以避免把資料放到哪裡都不記得，那可糗大了。

家有地基主

每個人家裡都有一位地基主，據聞祂是陰間閻王派任於陽世守護房屋的兵將，主要任務是保護居住屋內者平安順利。只要這個房子在，不管格局做了什麼改變，或者換了多少屋主，祂依然堅守崗位，守護這棟或這層房子。

地基主個子不高，就位於家中某個地方，不會離開房子，一般人通常看不到，但你不必感到恐怖，因爲祂是來守護你全家的，不會害你，怕啥？**愛祂都來不及了！**

以我家爲例，地基主很客氣，不會常現身，但若有狀況，我猜祂會用各種方式提醒，要家裡的人特別注意。例如有天我緊急加班甚晚，午晚餐都沒吃，回家餓得半死，於是煮開水準備泡杯牛奶，接著進房間，關起門，戴起耳機開啓音樂，想放鬆一整天的緊繃情緒；只是這樣做，就犯了居家安全大忌！因爲我聽不到水壺煮開時的汽笛聲。

不久之後，我正享受著音樂，奇怪的是我身旁書櫃一整排書籍，明明放得好好的，突然間整個像雪崩似地掉落下來！我連忙取下耳機，此時立即聽到瓦斯爐上水壺的刺耳尖叫聲，這才恍然大悟，立刻衝出關緊瓦斯，還好沒釀成大禍！但回頭看著一整排書全掉落，我無法相信：因為既無地震也沒「無形」進門（我都沒感應到），而且書排得好好的，極其穩固，怎麼會整排突然掉落？唯一所思考到的合理聯想，就是地基主來提醒了。或許也有可能是我守護靈的「傑作」，然而當下並無感應。

另有一次，有兩個平頭與光頭的歹徒（大概是剛嘗完鐵窗風味，離開監獄後又開始不乖了），帶著工具偷偷來到我家門口，意圖破壞大門入內行竊。樓下鄰居太太從外頭返家，剛好由電梯裡走出，一聽到我家門口有「匡啷匡啷」的聲響，以為是我妻子要出門，於是走到樓梯旁，往上探頭呼喊，想打個招呼，未料竟看到兩個大男人在我家門口，嚇了她一大跳；那兩個大男人也看到她，眼睛瞪得老大，於是在第一時間迅速收拾工具，快速搭電梯下樓，逃之夭夭。

有段時間我擔心歹徒會不會回頭，將看到他們長相的無辜鄰居太太「殺人滅口」？剛好跟某個也會通靈的朋友，在家聚會時聊到這件事。他說，安啦，沒事沒事，這兩個笨賊早早又回鐵窗去了！我問怎麼曉得？他說，我家的地基主非常盡責，情報功力一把罩；況且，鄰居太太走出電梯時，其實那兩個笨賊是停下動作的，因爲他們察覺到有人在附近，但有趣的是地基主竟然敲著門，發出那兩個賊聽不到、但樓下太太可以聽到的「特殊聲響」！於是她抬頭發現他們，也因此及時化解了一場可能危機。到底是眞是假？起碼我是相信的。

從小就聽母親說，要感恩地基主守護我們全家，嚴格來說，舉凡除夕、端午、中元、冬至這四大節日都要拜；不過因爲家人都忙，所以只選擇中元，與好兄弟一同祭拜，但燒金紙必須分不同金爐。好，那麼該拜什麼呢？母親都是準備白飯、大雞腿、滷豆乾、滷蛋（不可對切，要完整一顆），加上水果、零食，以及酒水，說這是地基主愛吃的。也有專精命理方面的老師說，大雞腿、滷豆乾、一顆完整滷蛋，是前一世紀流傳至今的**基本款**，不過現今只要時令水果、乾糧，冬至時再加碗湯圓，慰勞其辛勞，其實也夠誠意；是否要**基本款**還加個飯啦菜的，隨各人心意，眞的不必太過拘泥。

光從臺灣頭看到臺灣尾，每戶人家或公司行號拜地基主，用的供品都不盡相同，還各有堅持跟忌諱，其實也沒有什麼不能拜的，別太離譜就好，不過也只能說尊重各地不同民俗，但心誠最重要，我想沒人會反對。

很多人在拜地基主時，常有「三錯一爭議」。第一個錯，是用來擺設供品的桌子，都拿一般家中的折疊桌，可是通常高度跟飯桌差不多高，你要個頭不高的地基主怎麼來吃啊？難不成要邊跳高邊吃，這根本不尊重、不體恤，簡直在折磨人家嘛！所以拜地基主時，請降低桌子高度，我常用「吃臺南擔仔麵」桌子的高度來形容，用這種矮桌子來拜差不多就對了，夠簡單明瞭吧？

其次，第二個錯，是不少家戶拜地基主，常跟好兄弟啦，神明啦混在一起拜，雖然簡單省事，卻完全不對，必須分開，以示敬重，否則恐有反效果！既然連金爐都不能用同一個，就知道絕對不要怕麻煩，更不可敷衍了事。

第三個錯，是常見不少家戶在拜地基主時，是在家門口騎樓擺設供桌，這可是大忌喔！因爲地基主都鎮守在房子裡頭，不會在外頭趴趴走，對外拜只會有聚集更多「無形」的風險，也根本沒辦法讓地基主享用！

我問了不少命理與民俗學者，得到一個共通答案，就是拜地基主的供桌，竟然是放在家中爐灶或瓦斯爐旁的位置！這有趣吧？通常這種地方都在廚房裡，不是拜灶神嗎？很多人可能存有疑問，卻眞的是拜地基主的正確場所。

另外，祭拜時要朝外頭拜嗎？當然不是！剛才說過了，地基主就在屋內，若你朝著外頭拜，屁股對內，就跟某高人的口頭禪一樣：「拜個屁啊！」如果你不想挨罵，那麼請朝客廳方向拜，桌上供品的擺放也朝客廳方向吧。看起來有些奇怪，但我問過的專家都是這麼解說，應該不會錯，如有其他不同的習俗或祭拜方式，倒很歡迎提供作爲參考。

最後一個是爭議，因爲不同地方有不同答案。我問過許多人，都認爲拜地基主一年一次即可；當然也聽過某些地方民俗，沒有硬性規定一年拜四次，也有三次之說，而且是臘月、清明跟中元。答案既然這麼多元，常見某些不同地區民俗專家或文史工作者還爲此打筆仗，其實不必要啦，我比較認爲看你習慣於哪種方式，就去做吧！但心要夠誠，這是我不斷要提醒你的。

有個專家另有特別提醒：如果要拜地基主，就要持之以恆，不要拜個兩次、三次嫌煩了就放棄，然後哪天覺得不順了又恢復祭拜，這樣對地基主可是大大不敬喔！你若不拜，就一直不用拜，地基主不會怪罪於你，畢竟祂是奉命而來，堅守崗位，並不是以陽世間所給予供品，來決定對你家好或不好；然而，如果你能夠用每年數次的「相聚」，以虔敬之心，感恩地基主所提供的護佑，讓闔家順心、家戶平安，並維繫彼此間的默契，我認爲很值得。倒是要糾正一個常被大家誤解的觀念：供桌上的食品，沒有說要多「澎湃」才叫有誠意。我曾見過有個弱勢學生的母親虔誠敬拜地基主，卻無力擺出多樣供品，僅能簡單準備，並不斷地請求地基主諒解，與感激地基主保佑她們家平平安安。我感應到她家的磁場，是溫暖的、平順的、祥和的，可見地基主並不把多有錢、多好吃放在眼裡，就算平實對待，也是彌足珍貴。

不管你信奉什麼宗教，或根本就是無神論者；你可能買了房子，也許是租屋而居，每個住宅裡都會有地基主派駐，不因這屋子換了主人或房客而跟著離開，只要這屋子在，沒有被拆，祂就鎮守不變。而且地基主各有不同性格，有的處事兇悍，有的溫和，但**唯一共通點就是盡責！**

就我所認識的家中地基主，祂是一位溫和但堅定的神。我所居住的老公寓已逾四十年，多年來熬過強震、風災、淹水，甚至是鄰近捷運施工，它都能安然無恙；儘管歲月造成牆壁多處斑駁，偶見地板有裂縫，整修需要耗上可觀經費，然而這個家依然堅如磐石，固若金湯，未受過多自然或人為滋擾，雖可稱為「簡室」卻穩定舒適，這都該感謝地基主，多年來護佑著我們居住平安自在。

很多靈異或民俗類書籍，對地基主描述甚少，多因於祂始終默默守護著你我，漸漸成爲一個「沒有聲音」的神，也常被陽世間所淡忘，沒有掌聲，我認爲這是很不公平的。往後的日子，也許你沒有按照一年四大節日祭拜地基主，不過最起碼倒是可以雙手合十，以隆重感恩的心情，謝謝地基主盡責照顧，我相信祂必定會知道，而且將帶給你意想不到的友善回饋，至於是什麼回饋，就要請你仔細地觀察與體會了。

蒜頭是驅魔好物

許多親友、讀者每次遇到我，第一時間閃過腦海的念頭，清一色皆是問：「**如何驅魔避邪？**」

這種問題已經問到令我不堪其擾，我就不拐彎抹角，直接跟你說了。我認爲（這眞是我個人經驗而已，其他人說的我不管）最簡單的驅魔避邪方法就是用**蒜頭！**而且要**把皮剝掉、露出淡黃蒜肉**的那種。如果你怕臭，蒜頭偏偏又不剝皮，若眞的遇到「阿飄」，就不要怪我沒事先提醒你。

說到蒜頭，西洋關於以它作爲驅魔工具的傳說不勝枚舉，甚至還有搞笑電影裡，法師拿大顆蒜頭串成「念珠」，急忙掛在脖子上，然後防止妖魔接近，滑稽模樣屢屢逗得觀眾哈哈大笑；不過，這確實是有經驗法則可循，效果挺不錯的。網路上這方面故事太多，請自行搜尋，就不再解釋它的來龍去脈矣。

曾認識一位在喪葬儀式上，專門幫人作法事的道士。該兄每回「上工」前，不忘塞兩瓣剝好的生蒜頭進嘴巴，還把它當「口香糖」在嚼，同時握著兩大瓣未剝皮的蒜頭，隨手放在道服褲袋中。問他對蒜頭味是否有特別癖好？道士被嗆辣得眼淚快飆出來，勉強哈哈一笑，告訴我說，他並非喜歡啦，而是此乃避邪好物，就算滿嘴充滿臭死人的味道也在所不惜，只是很多人並不曉得。

在中國大陸雲貴一帶，傳聞當地門派中剛入行的菜鳥道士或法師在上工前，資深師父都會從旁叮囑，必準備四十九瓣剝皮蒜頭，以備法事進行時，萬一遇上「武力高強」之邪魔時，至少可以緩衝、擋上一陣子，不至於被靠近或擊潰，然後趁機趕緊找救兵去。

按照部分靈媒的說法，蒜頭中某種特殊有機硫化物成分，令來自魔域的惡靈非常厭惡，因而具有驅趕效果。一般人若生食蒜頭，或帶著蒜頭在身上（記得要剝好，再裝入不透氣袋中，放在包包裡要當心味道別逸出，以免讓你的皮包或袋子異味久久不散，臭氣還薰昏一窩人！），至少那種可怕「物質」不至於上身；但對方若要死纏跟著你，仍可「保持距離」接近，只是暫時不能附在你身上，等蒜味消失後再伺機而動。

傳聞經常食蒜者，有些人的體質，在經過一段時間後，身體會隱隱散發這類特殊氣味，即使味道輕微，一般來說，魔域惡靈比較「不愛」這種人，也不太有「興趣」附身跟隨。

然而，這並不代表天天大啖蒜頭，絕對可驅魔避邪，只能說有一定效果，不過並非絕對。要是本身由於因果問題、特殊狀況，魔域惡靈非找上門不可，仍然有破解之道，畢竟你怎麼曉得哪一天，魔域中的狠角色（特別是高強的「厲鬼級」或「將軍級」），不會捏著鼻子忍住或剛好鼻塞（鼻塞？哈哈哈！），再把想抓的人速速帶走處置？

這似乎說得有點搞笑，然而請教靈學、五術及玄學研究者，大多數肯定蒜頭具驅魔避邪功用，而且短期上，有時效果比符咒或各種驅魔法術來得更簡單且取得便利。

比方說，到外地旅行住進旅館，通常錯誤觀念都是告訴你要先敲房門，輕聲地說「打擾了，對不起」。唉！裡頭若確實有「阿飄」的話，這方法根本沒用，充其量只是自動告知「阿飄」們「有獵物來了」，豈不危險？還有一些方法諸如把鞋子往外擺，或者在房間衣櫥裡掛些五四三的東西，或者床頭放聖經、佛經、心經之類的，以及掛上某某神明項鍊或平安符，效果可能還抵不上隨身攜帶兩瓣剝好的蒜頭，至少飯店房裡若有「阿飄」，看到你帶著蒜頭來，多半也只能乾瞪眼，或對你毫無興趣，先避開一下，不願意靠近你。

有個「道行」挺高的旅行團領隊也說，他到任何地方出差或旅遊，進入飯店住房，都會把兩瓣蒜頭包在小塑膠袋裡封好，隨身攜帶，等到旅途結束快回到家前，再把蒜頭連同小包塑膠袋，棄置於住家附近街道的垃圾桶內，丟了就不回頭看，再漫步返家。

不過附帶告知，若你要外出好幾天，所攜蒜頭最好每日換新，效果比較好，千萬不要擱上好幾天懶得換，結果全都發芽或壓爛成泥！同時剛剛也說了，返家或回到住所（如租屋處）前，一定要將之棄置於公共垃圾桶內，丟了之後千萬別回頭看，更別帶回家，以免效果打折或根本無效。

你可能會問，那麼把蒜頭丟在旅館房間裡不帶走如何？當然不行！因爲你不僅可能造成房務人員清理困擾，而且我如果是房裡「阿飄」，也會狠狠把你罵個臭頭！再者，從你出了旅館直到回家這段路程，身邊不就沒蒜頭保護了嗎？

再次重申個人看法：這是很簡單的驅魔避邪方法，但不表示百分之百絕對有效，僅能防制一般可能發生的附身，或者作爲擋煞之用；倘若對上特別「兇惡」、稱得上是「將軍級」的魔域惡靈，那很抱歉，我並不曉得蒜頭對這些「狠角色」是否也具相同效果，因爲我從未試過，也不想主動拿去試，說不定「一物剋一物」，蒜頭可能也有挫敗時，誰都說不準、拿不定。

倒是如果你本身平時膳食中，就酷愛生食大蒜，那也不錯，至少過半以上的「阿飄」或類似物質，應該不太喜歡靠近你。相信你也該聽過，有醫師的科學研究指出，由於大蒜中有著類似殺菌物質，可以抑制體內壞菌，增強抵抗力，減少疾病發生機率。如果這類研究為真，那麼人體中的「氣場」應該就會暢旺；既然「氣旺」，這種溫熱「陽氣」就能鎮住亂磁場，不至於遭陰邪所害！特別是陰邪之氣特愛「冷寒」，遇上身體「氣場」如此強盛，除非陰邪本身「武力高強」，那就純屬例外，否則一般對上蒜頭這種頭號殺手，大概也沒輒了。

你也許會問，既然大蒜有此妙用，那麼用蒜苗，或者相關植物的從頭到尾，是否皆可拿來避邪？另外，蔥、薑、韭菜或洋蔥這類氣味刺激且濃郁的食材，也能驅魔避邪乎？

首先，大蒜從頭到尾，都是可以拿來避邪的，但效果仍以生蒜頭最強。既然如此，何必搞出一大堆有的沒的插在身上找麻煩呢？幾瓣蒜頭就可以解決問題，就不必插蒜苗啦！

至於蔥、薑、韭菜、洋蔥是否有驅魔避邪效果？我也認為「有」，但可能仍無法與蒜頭效果相提並論。

不過有個東西，是不具備驅魔效果的，那就是用化學方式調製的蒜味製品。像是成分中僅有極少量蒜頭，或以化學合成的調味品、食品、醬料等，因爲這類製品以味覺感官刺激爲主，就算蒜頭味道濃郁，只要裡頭眞實蒜頭成分極少或零，那麼吃得嘴巴再怎麼臭，也很難產生抵禦阿飄的「抗體」。

最後談談煮熟或泡在酒裡的蒜頭，到底有沒有防「阿飄」成分？

煮熟的蒜頭，一般而言，刺激濃郁的味道都已經被壓抑下來，它雖名爲「蒜頭」沒錯，但成分一旦因加熱而改變，這類功效就不像生蒜頭那般強大，還是以生食蒜頭威力較強（當然嘴裡的味道更是特別臭！）；若將蒜頭泡在酒裡，成分也可能有些變動，或產生化學作用，若想特別防範「阿飄」靠近，還是兜回原點，以生食蒜頭較爲適合。

謹此簡單聊聊有關蒜頭驅魔話題。我不鼓勵各位迷信，但出外旅遊、爬山涉水，隨身攜帶兩瓣剝皮蒜頭，既不占空間，只要用塑膠夾鍊袋將之密封好，味道不透散，不至於讓你的包包袋子滿是臭味附著，就應無問題。只是要注意：如果赴海外出差或旅遊，由於跨境檢疫問題，不便帶著生鮮蒜頭前往目的地國家，但可於當地購買，效果是一樣的。

啊！還有還有，差點忘了提醒：如果你有隨身帶著護身符、宗教經文或念珠等習慣，有需要在隨身皮包或提袋置放蒜頭時，記得要分開來，勿混在一塊兒，也要留意異味切莫散逸，以免對諸神明或法力有所不敬。

咦？這篇明明是在講靈異，到最後好像快變成**蒜頭百科**了！不好意思，不好意思。

自己去判斷高人吧！

多年來，我這裡累積一缸子人來詢問，要我解析及回覆如何判別某某高人、某某命理老師、某某師父，到底法力是眞是假；或者老不老實、是人是神還是鬼？

坦白說，這讓我有些不勝其煩，而且這些朋友如此單刀直入要我解答，甚至還附上師父照片讓我「感應」，便覺得這種心態滿「沒品」的。拜託啊！我哪是「鑑定」人家的料？一旦被誤解意思還宣揚出去，引發糾紛，豈不找我麻煩、添困擾？所以請別再來函詢問這類蠢問題；倒是根據自身經驗，謹此提供幾個判別原理參考，敬請自行思索、分析吧。

不過，千萬別執著於本文中的幾個關鍵說法，應該靈活運用判斷，更勿憑著幾篇報章雜誌報導就一口咬定，畢竟很多事情都需要長期觀察，何況咱們凡人也常犯錯、常看走眼、被假新聞給愚弄了呢！

再次提醒，以下我說的，只是整理出幾種可能狀況，請不要自行聯想「就是這樣」或「不是這樣」，若硬將人家「對號入座」成眞的或假的，或許對眞正的大師不敬，也可能讓江湖術士僥倖逃過被揭發、撻伐的命運。總之，我只就所知道的淺薄知識獻醜一番，你只要有概念、理解原理就好，但千萬別因此而過度聯想，或把這篇文章當成評判命理老師、師父、高人的絕對標準，我沒這麼偉大，妄言只會被天打雷劈。

廢話不說，開門見山吧！**世上到底有沒有高人？答案是肯定的**。

你看過很多高人會治病、會預言、會趨吉避凶，確實有一定功力，一經渲染，廣爲宣傳，信徒當然倍增，但**在你心中評斷到底正派不正派，這才是該關注的焦點！**可能有人會猶豫迷惘，畢竟你看不到背後原理，在傳統眼見爲憑的觀念下有些疑慮，倒也有不少人乾脆甭管什麼正不正派，只要能解決眼前問題，就是王道。

眞正的正派高人，多由神界指派，化下形體至人間，分爲多種，也各有使命任務、各司其職，不可逾矩；在成爲高人的過程中，絕大多數具有天賦體質，是與生俱來的。你也許哀怨老天爺爲何不選你，但神界甄選過程，有其一定法則與考量，不是你我這等凡夫俗子有權更改或指定的；況且就算有天賦，來到這個世上，幾乎必先捱過一段刻苦的磨練。

有沒有一開始就展現高超天賦、而且沒吃過苦頭的高人？有，當然有，但簡直鳳毛麟角，那可是累積多少輩子福德啊！沒那麼簡單。

既然如此，你還堅持想變成高人嗎？不如當隻快樂的野貓比較實在。

另有些高人非具天賦，而是經由後天的因緣際會養成。比方說遇到「高高人」（指更上一層的高人，或神明化下的實體形象）引領，也許生大病發高燒後變一個人、去了某個地方後突然「神力附身」；還聽過天打雷劈把人「狠電」成爆炸頭、渾身焦黑冒煙外帶口吐白沫而不死，日後反而從神智不清，搖身一變，彷彿歷經千錘百鍊，最後成為高人！這種千奇百怪的理由，電視劇或電影誇張演過不下千百回，你可以相信，也可以嗤之以鼻，總之，確實是有的，方式還更多，只是一般編劇沒經歷過，所以能掰能寫的就只有這幾樣。然而倍感遺憾的是，若要用科學方法佐證，老實告訴你，以目前方法、狀況和環境，無奈沒辦法證明，你大可笑話我扯謊或打誑語，我也只能摸摸鼻子「欣然」接受。

剛才說到高人各有任務、各司其職，且不可逾矩，**就是行止有據**、**仁義道德**、**不害天理**、**勤奮不懈，有的更添個慈悲為懷**。諸如有些高人乃華佗再世、神農降臨，或者是預言家、哲學家、宗教家、工程之父、廚藝大師……其實就是「百工圖」，說來也沒啥稀奇。

他們在人世間奉獻天賦，或神明所給予的天賦，於各領域加以發揚，主旨在解決人類痛苦、開創文明。這些高人多由神明透過守護靈傳送指令，藉由靈感接收，也有的能力更強，自身信念就可以領悟該做什麼，不用神明操心。

特別的是，某些領域高人屬於「神」與「人」之間橋梁，舉凡師父、命理師、通靈師、靈媒、乩童、道士、道長、法師、老師……等等。他們根據自身法力等級，可以雙向通信，傳達人的祈求，以及獲得神明指令或預言，進而協助凡間人類、信眾與祈助者解除痛苦、疑惑、災難，趨吉避凶，朝向平和快樂的境界。

我曾看過某些高人，在每隔一段時間後，都會經歷被考核的過程，讓神明定奪是否還能繼續擁有如此使命與法力，或者可以因表現良好，功力再更為加深。倘若高人迷失自我，忘了使命及任務——更誇張者，違背天命，等於失職；或被陽世間名聲財色所誘、俗事所羈絆，等於失格——那麼很快就有反饋出現。就像日本宮崎駿卡通《魔女宅急便》主角琪琪，法力突然消失，騎上掃把怎麼飛就是飛不太起來，那可能還算是比較輕的處罰；若高人違反天理情節重大，那麼會有什麼樣的下場，就因人而異了！這裡頭又包括在陽世間受懲，以及往生後守護靈在另一個世界中如何安排等兩種層面。

所以啊，高人不是這麼好當的，並不全然高枕無憂，「養成」過程艱辛，還有「出師」後的所作所爲、操守、行事風格、實績，全都在神明掌握當中，更要克制身爲人類所經常潛伏的貪、奪、色、欲、怒、痴等等歪念，還眞不容易。

有白就有黑，一體兩面。**另一種「高人」，我必須用引號將他框起來**，因爲這種人並非循正統方式養成，包括後天自學、領悟、參透、模仿等等。但另有比較特殊的狀況，是由魔域訓練造就，或者原本是正統，卻在一念之間，因緣際會「跳槽」或被吸收到魔域去。

話說這種魔域出身的「高人」，行爲與一般高人無異，法力功力都很強，但更勝一籌的是，可以經由僞裝、蒙蔽、幻影、外力（例如：供養邪神）協助等方式，化身爲正統神明象徵、形象、顯現不可思議的「神蹟」，讓信眾或祈助者信服「我才是正派的」，並藉由魔域力量，迅速達成祈助者願望。就與你急著用錢時，某類「特殊管道」的錢莊馬上幫你救急差不了多少，你可以獲得改善、解決，但相對的，大部分必須付出可觀的償還代價，至於多可觀，則要看「高人」或其背後魔域力量的指示而定，不是一般人自己「喊價」所能解決。這雖讓不少人望而卻步，也有人救急沒得選擇，或堅信其功力確實高強，甘願接受，值得奉獻，皆因人而異。既然是自己選的，他人就不必多加閒言閒語。

另外，某些（注意，不是全部）「高人」可能會引發一些副作用，在於所作所為的行事風格、觀念態度，與社會普世價值常有相左或大不同，屢見爭議，但對特定族群而言，若理念恰巧投其所好，或曾顯現「神蹟」，必然有一定支持率和信眾，毋須置疑。然而也有祈助者在這種另類「高人」明示或暗示下，或許（只能說「或許」，因為案例各有不一，並非全然）要額外付出——不管是勞力、財力或其他有形無形資產等——以利弘法及維持組織運作（當然，我更看過「還算不錯」的某些「高人」說，你不持續奉獻也沒關係，既然之前幫過忙，已「銀貨兩訖」，以後沒瓜沒葛，速速離開吧！）。無論如何，這都有賴自我衡量判斷，看要心甘情願還是敬而遠之，隨人自由。而且奉獻行為，只要不違反陽間法令，旁人頂多只能說此「高人」恐有爭議，若要指責，似存難以著力之感，且容易陷入誣賴泥淖。畢竟這年頭嚴重指控，往往可能涉及法律問題，請務必謹慎再謹慎。

正統的高人與另類「高人」，象徵白與黑兩種領域。話說正統高人幫忙祈助者解決問題，事後同樣也必須獲得一定報酬，畢竟高人也承擔了某些責任、業障，故獲得報酬心安理得。雖有宗教界人士認為助人不應收取酬勞，我尊重其說法但並不認同，因為不就是一個**使用者付費**概念嗎？只是這個報酬相信是由神定，而非高人自己訂定，且事前都會清楚告知，金額都有固定規則不會等到事成圓滿後獅子大開口，或恣意額外追加。

我倒不贊成某些高人或慈善團體，屢以**隨喜**方式，由受助一方自行決定奉獻或不爲。因爲這個**隨**的範疇太廣，奉獻數額到底該如何，一般人難以拿捏，多或少不易抓準，很難**喜**得起來，若一毛不拔，又恐讓高人擔負業障增加，也不盡合理。因此建議倒不如直接明講更好，就看祈助者要不要接受，倒也簡潔明快。

不同類別的高人或另類「高人」，其解決問題與疑惑的行事手段，雖然不見得相同，但最終意義幾乎相同，就是幫助塵世人類排除困難而已，到底信眾該信誰，端視個人判斷選擇。我的判斷方式和一般大多數人大同小異，就是看特定高人或另類「高人」，他**是否信守仁義道德，是否遵從普世價値，是否操守行事受人肯定，會不會造成祈助者後續超重負擔及疑慮**、**恐懼**等，其實不難。

儘管如此，每個人對這個衡量尺度，感受及評斷不同，並無「國家標準」，也就是完全得憑「心中一把尺」，就難有絕對好壞、是非、善惡結果；所以當社會在評斷一個高人時，常有人讚嘆出神入化，更有人臭罵妖魔鬼怪，相信這種對立評價你不會陌生。當然，我也看過有尋常百姓只問法力高不高強、能不能迅速解決痛苦就好，哪管他來自靈界還是魔域、代價要多高都行！反正各人各有判定標準，其他旁觀者無權干涉。

不曉得我認爲判斷高人該有的標準，能否帶給你些微幫助？**反正就是自己決定嘛！**或許有人會批這篇簡直廢文，但本來就是要由個人評斷嘛！況且解決自身問題或困擾，茲事體大，怎能不親自愼選高人祈助，反而懶到要旁人幫你「篩選過濾」？那麼這個旁人也倒楣透頂，還必須幫你背書擔業，實在沒道理！因此，請相信自己智慧，學著判別好壞，且爲自己所選而負責，這也是身爲「人」的一種必要功課，我想非常合理。

直覺來自守護靈

你的直覺強不強？如果你常在猶豫不定的情況下，必須爲重要事務作出抉擇時，當下若有個聲音或感應，告訴你該怎麼做或怎麼選擇，那麼，十之八九照著做應該沒錯。

何以見得我如此肯定？你覺得這是來自神明的聲音與指示嗎？有可能，但不是時常都有（如果有，那麼我眞嫉妒你，因爲神明實在很疼愛你）；那麼扣除神明指示，或者被外陰邪魔干擾以外（外陰邪魔干擾比較少見，除非你「中大獎」——遭附身或卡到），其他的直覺又是打從哪來？答案是：**你的守護靈（也有專家直稱「靈體」，但我偏愛稱「守護靈」）**。

綜合各高人與專家，以及我的解讀：肉身加上守護靈，才能成爲一個完整的人。當守護靈跑離肉身，只剩個魂魄時，那跟植物人差不多，只會有基本生理現象，或者程度不高的思維；要是守護靈與魂魄都離開肉身，那就是「嗝屁」，死翹翹了！你現在正在看書，正是守護靈與肉身合一、分工合作的狀況——肉身執行操控動作，守護靈負責下指令與閱讀思考，這樣解釋應該不難懂。

一個盡責的守護靈，透過魂魄做媒介，與肉身密切搭配，指揮你該怎麼下判斷或決策。當然也有不夠盡責的「少根筋」守護靈，到處遊走，逃避責任；或者老是跟肉身唱反調、惡作劇的，也是大有「靈」在。只要你生活正常、不吸毒、不菸不酒、沒有前世因果困擾、身心也沒有受到重創、或未遭到「無形」干擾，基本上不用擔心兩者搭配不來。

要是具有上述這些負面因素存在，會出現什麼「症頭」呢？曾有通靈經驗的朋友，從某些管道發現某某人表面完全正常，但守護靈跟肉身就是「不搭」，常造成當事者困擾。這個例子的背後原因很多，諸如前輩子所帶來的殘留性格、因果問題等等，講都講不完，不勝枚舉。我就看過某些人守護靈天性是個「大賭徒」，這習性乃從前輩子所帶來，滿腦子賭性堅強，什麼都能賭，也什麼都能輸，即使肉身不見得願意，卻「意志不堅」地屢屢被這個爛靈牽著鼻子走，最後賠上一屁股！也見識過某人守護靈和肉身每天都在「吵架」，往往一個要往東走，一個偏要向西行，搞得這個人天天心神不寧、考慮事情猶豫再三，人格簡直都要分裂了。

再次提醒你，若是生活正常，沒有壞習慣，身心沒有受到重創，大致上不必擔心像這類守護靈與肉身「不搭」情況發生在你身上，機率是不高的。即使兩造之間老是「吵吵鬧鬧」，光思考一件事就讓你心煩不已，但遇到大事時仍會「團結一致」，因此不用過於庸人自擾，自己嚇自己。

我看過絕大多數朋友，守護靈會藉由自身預視，或者你眞正所屬的神明指示，透過靈與魂魄作媒介的運行方式，忠實守護你這個「個體」。如果你跟你背後的這個守護靈達成完美默契，那麼「他」會經常在你最需要諮詢、協助、解惑時，不經意地讓你感應到，好像背後有個「諸葛孔明」的聲音在提供你方法。至於「出場」方式，有可能是耳朵出現聲音、靈光乍現，但也有的守護靈很害羞，要肉身自己去猜的也有，絕大多數則需要靠**直覺**來「接收訊號」。我早說過了，「一樣米養百樣人」，守護靈當然也有百百種性格，每次跟肉身互動時，總有許多靈驗、趣味，或讓人火大的事發生。

先舉個簡單例子。相信每個人都有考試答題遇到「卡關」經驗，特別是選擇題中，到底選哪個才正確，傷透不少腦筋。如果你和你的守護靈溝通順暢，「他」就會在第一時間，提供你最正確的答案，也就是**你第一個所想到的答案**！比方說，考試時你爲著某題選不出答案而困擾時，突然在第一時間，腦海中所得到答案是F，可是後來馬上又三心二意，覺得M或K或C都有可能是正確答案，卻苦於沒有時間思考或驗證，那麼爲了穩定軍心，請立即選擇F；當然不排除「看走眼」的可能性，不過根據個人經驗，經事後驗證比對，採用這種方法，通常準確率都超過一半、甚至八成以上！

剛才說到有時在你生活中，由於神明指示，或守護靈的「預警雷達」啓動，得知你即將遇到大麻煩，那麼靈會運用各種手段方法提醒你注意。不過，你不要苛求神明及守護靈，必須像二十四小時便利商店一般不打烊守護著你，畢竟讓神明與守護靈太爲難了，別太貪心凡事都要順順利利。有時候你沒受庇佑，會出些狀況，不管大或小，通常是因爲前世因果「還債時間到了」、太皮所產生的「現世報」懲戒、神明有特別安排等（至於受邪魔因素影響本篇暫不討論），因此，不少宗教教義都會勸誡信徒，不管際遇好壞，你都應該接受，要相信這都是上蒼最好的安排。只要懂得這個道理的人，往後遇到各種狀況，都能安之若素、冷靜應對了。

你可能會有另一個疑惑：**那我要怎樣跟我的守護靈保持良好關係跟互動咧？**我說眞的，我不是專家，沒辦法提供你正確答案，但就自身經驗，我會每天跟我的守護靈「打招呼」，就像遇到自己家人一樣，久而久之，就感覺似乎有個「人」在守護自己，根本不會害怕，且常透過**直覺**接收這種方法，宛若受指導教練提點該怎麼做。我承認偶爾作決策會「出槌」一下，但遇到難解迷惘時，大致來說都還相當有效。

至於對你有沒有效，我當然不敢百分之百打包票，可是應該是有一定的守護效果。就如同你常祈求神明保佑，神明都會知道，更可能在評估各項因果與其他因素後，會爲你安排最好的決策，給予你獎或懲——當然，這常常需要透過守護靈代爲行動，進而將訊息傳達給你。

記得多年前，我有回跟幾個朋友約好，搭他們順風便車回屏東老家，他們還要繼續往南開，打算到墾丁去衝浪、把妹。當車清晨開到我臺北住所樓下時，我早在現場等候許久，但很奇怪，我不論怎樣開車門，就是卡住打不開，換個門，同樣打不開！朋友從裡頭把門打開，要我進來；詭異的是，有一股奇怪力量，硬是讓我進不去，像是有人擋在車門口，將我用力往外推。

這太邪門了，我馬上透過**直覺**，感應到似有不祥。我告知車內幾個好朋友，這車別坐，一起搭客運南下如何？當然，這是行不通的，畢竟他們都把車開出來，興致勃勃，不講個充分理由，人家只會當我是神經病、疑神疑鬼！因此，當車裡頭三個朋友頻頻問爲什麼時，我實在沒辦法具體回應，只是感覺不對勁，也勸他們乾脆搭國道客運或火車都好，但是，他們三人堅持開車南下比較方便；最後達成共識，我改搭國道客運，彼此約好在臺汽客運（今國光客運）高雄東站（今高雄站）會合，一道吃個晚飯，再把我載到屏東的家，他們則繼續南行。

幾個小時後，我搭的客運南下過了嘉義，突然在根本不太可能塞車的路段堵得一塌糊塗。司機先生說按照經驗，前方必有車禍，我還覺得納悶，等到車開到交流道前方，看到黑色煙霧直往天空竄，才發現是火燒車意外，但剛剛已經撲滅；既然火都滅了，我也就沒多加留意，不過堵得太久，有點累，於是沉沉睡去。到了高雄已是午後兩點多，烈日當頭，左等右等就是不見三人蹤影；在那個沒有網路、手機又不普及的年代，不曉得他們到底開到哪一國去，迷路嗎？放我鴿子嗎？不曉得，只能在原地乾等。

這一等，等到晚上仍然無法會合，正好車站內電視機播出晚間新聞，頭條就是「交流道火燒車」。本來我等得心浮氣躁，直到電視機傳出記者報導「黑色自小客車內三人逃生不及，慘死車內，被燒得焦黑」時，這才讓我本能地轉移視線，剛好看到畫面上朋友車尾的車牌號碼——那個我一輩子都不會忘記、拼起來像在罵人的怪異號碼，映在我眼簾時，這下才**驚覺完了！**我竟然和朋友擦身而過，還是在這種意想不到的驚悚狀況下，讓我們天人永隔。

後來有好長一段時間，我心中有憾，懊惱當時沒能引導三位好友改搭客運。但有個堪輿界高人告訴我，別多想，這三人「時間到了」，該回陰間覆命去也；至於我咧，時間還沒到，所以守護靈或許是受到神明指引，也可能是本能預視，覺得有必要保護，故用盡各種方法，始終都在阻止我上車，因而保住小命。

相似的例證，讓我想到筆名杏林子的已故作家劉俠，曾在其著作中提到母親當年領著她與姊姊逃難，在準備搭上最後一班火車逃離長春時，「彷彿有股強大力量」阻止而決定不走；當時友人急得跳腳，但她母親就是堅決不走，打道回府。結果火車才開到郊外，車上男女老幼皆被埋伏的共黨軍隊殺害，無一倖免！當時看到這篇文章時，我是很受震撼的，可是也有人嗤之以鼻，認為簡直「神話」嘛！就我看來，這確實是「神話」，但必然是神明安排，透過守護靈與肉身之間互動，導致劉媽媽**直覺**接收訊息後有所感應，進而行動，才與這批逃難同胞有了互異的結果。

這類故事太多了，寫不完啦，以後有機會再繼續跟你聊。

我常告訴朋友，當你覺得心有困惑或不知所措時，除了求助信仰與神明，和你背後的守護靈保持密切互動（內心打招呼相互請安即是）也是件很重要的事。而且多自我訓練**直覺**，「他」將會逐漸直接提供你更多有用訊息，指引你方向；如果你懶得去互動、自我訓練，你所接收到的直覺訊息，很容易片段、零碎，對解讀會產生障礙，甚至造成誤判。

另外，請先勿用小人之心度量**我怎知守護靈會不會害我**，或者心有罣礙，覺得**萬一我誤解意思，做錯決策怎麼辦**？這些疑慮其實很正常，我也能理解；因爲從剛開始知道我可以跟自身守護靈溝通時，有一堆問號同樣寫在我臉上，爾後更曾經在某次面臨重大抉擇中，因直覺失準，做出錯誤判斷，引發後續連串麻煩，收拾起來相當吃力，也產生了一定程度的懷疑。不過隨著互動漸久，直覺也練得更爲精準，大致上可以達到七成左右。

你可能會驚訝：「蛤？『練這麼久』才只有七成？」嗳！做人不要太貪喔，練了這麼多年能有七成，已經得來不易啦！或許是我資質拙劣，不夠有慧根，曾見某些天賦異稟者，很快就能抓到訣竅，無論在與守護靈互動或直覺接收訊息上，所獲效果比我強得多太多。

喔！順帶要提醒你，一個人這輩子帶有多少財富，或有多少世累積福報，讓你在今世可供運籌，都是註定的，請不要妄想運用這種互動方式，押注在賭博利益等不正當偏財的範疇，因爲你可能會有很大的機率得不償失！總之，請相信有這樣的溝通方式，但絕對不可過度迷信，只要記得在既定範疇裡，守護靈會給你最適切的解答就好，不要有非分之想，其他的，就看你會不會正確理解、懂不懂充分領悟了。

你的簿子

聽過**生死簿**嗎？據說極少數有命理眞實功力者，可藉由感應這本「簿子」，助人認知原已存於此生本命中的因果福報、纏身業障、陽壽大限等特殊密碼，再加以「解碼」，推算今世禍福，並建議如何行善言良、轉換心念、改變情緒態度和習慣，進而趨吉避凶、豁達人生。總之，大致上就是勸人向善、諸惡莫作，最終自有福報。

這種「生死簿」似乎等於是一個人的「本命劇本」，把一生中將遇經歷完整推論，和「鐵板」、「八卦」這類論命方式，好像皆具異曲同工之妙，不過咱們可不是算命大師，對此也僅止於粗淺瞭解，並非專業，不敢班門弄斧，以免鬧笑話。但絕對也有人感到嗤之以鼻，認爲這種傳說還眞是個傳說，唬爛到極點。

上述「簿子」跟這篇以下所要談到的「簿子」，其實有因果關聯，嚴格來說就是「今生續集」，仍屬於同一本。

小時候聽大人講民間傳奇故事，大多闡述「惡有惡報、善有善報」的因果例證。比較讓我好奇的，是某些故事裡頭，都會強調閻王老爺派出精銳手下，手持簿冊到凡間，查證內容加以對照，並驗明正身，再引領大限已到、該被「帶走」的人回府交差，由判官根據簿冊所述，將其此生功過，逐一論其賞罰，最後加以執行。

眞有這種簿子嗎？小時候覺得納悶，大人都說有啊有啊，沒聽過**人在做、天在看的**道理嗎？你這輩子做了好事壞事，無一能逃過閻王老爺法眼！祂派出眾多神鬼兵將，每分每秒都監視著你，在你「專屬」簿子上，毛筆蘸硃砂記載得清清楚楚、明明白白，**反正這一世所作所爲，連同前輩子帶來的禍福一併「加總」**，到時候你陽壽已盡，被帶去審判，這輩子累積了什麼好事壞事、禍福數量，全都藉由簿子詳載「倒帶」給你瞧個仔細，看是伏首認罪或逃過地獄劫難，就有所「本」啦！

大人屢屢說得活靈活現，小孩子聽得可是目瞪口呆！

喔，還沒講完咧！接下來，如果判官沒判你下地獄受苦、又不能升天堂享福，還必須繼續輪迴、投胎成爲下一世的「人」時，根據冥界那本「簿子」所記載之功過，兩相抵銷、秤重，算出因果結論，轉換成密碼，**即成爲你下一世陽間的「生死簿」**了；反正「欠債該還」，或者「被欠該收」，何時該生，何時該死，全記載得四平八穩，一定錙銖必較，半丁點斤兩都甭想跑掉，留到新的一世繼續還債或討債。

問過曾經參與「神遊天界極樂國」或「陰曹地府觀落陰」的友人，部分人士印象所及，好像真有看過那本「簿子」，也有朋友抓破頭皮，根本沒有特別注意瞧見什麼「簿子」或「帳冊」之類的。看來，冥界有沒有那一本，就眾說紛紜了。

你問我信不信？我絕對相信，本文後頭還有實例說明。這種自幼根深柢固的觀念，讓我肯定這本簿子一定存在，否則冥界陰間每天「來來去去的人」這麼多，沒有專屬的「人二室ＡＢ檔案」，用簿子記錄下來，哪能應付得了？或許老天爺早就科技化、電腦化，根本毋需拿本簿子，像查戶口一樣到處嚇人，條碼感應一刷，自能應付無礙。

好，**如果真的有，那麼能不能改變它的記載內容？**這倒是個好問題。

曾在訪問一位道教法術高人時，聽其口述，南洋確實有些不循正道的特殊邪魔法術，是可以藉由符咒、法事或作法者本身功力，偷偷竄改其「簿冊」資料；不過風險很大，萬一過程稍有不慎被查到（拜託喔！神明法力高強，怎麼可能查不到？），請託者不見得有事，竄改者可能倒大楣、須付出相當代價（或許可稱之「擾亂天地運行」而遭懲罰吧？），因此要求費用都極其昂貴！在這種所費不貲的情況下，如有此需求者，可能要先估算自己口袋夠不夠深，否則一趟下來，不一定看得到成效，反而大大破財。

爲什麼要改？這不就在擾亂正軌的因果運作嗎？畢竟人都有私心私欲，就是不想在這一世承擔厄運，當然要改啦！探究原因，不外乎躲官非（訴訟牢獄）、避血光、消財損、閃楣運，進而增財、添壽、聚福、健身、無病無災、悠閒生活，以此需求居多。因此，既然竄改風險大，傳言某些道行較爲深沉之高人，想到不如乾脆正大光明地採取「交易買賣」方式修改資料，向神報備，若獲允准，微調既有因果作一改變，或許不失爲可行之道。

當然，神明答不答應是一回事，據說（眞的是據說，沒有驗證過，乃錄自鄉野街坊間聽來的傳說，請見諒）偶爾會估計盤算，視情況通融放行，並非毫無彈性，不過這須看各人造化，或神明另有考量。所謂的**考量**，是神明會有其他用意或布局在，只是凡人不知道而已。

但請放心，任何正神都是**公平**的，別以爲用錢可以買通一切，那對神明未免也太不敬了！只要作任何變化，依然逃不過日後「該還」或「該收」的天道常軌，只是時間上有先後次序、「還」與「收」在形式上或許有變罷了。可是光說費用，剛才已提及，代爲處理者因爲有一定風險，或可能有其他考量，以開出高額數字居多，非一般常人所能負擔（也有「佛心來著」象徵性收費）；有些付得起高價者，或許因此蒙受其利，卻也有不乏運氣欠佳、遭遇江湖拐騙之輩。

歸納而論，這類命運之所繫，全憑所謂高人的交涉功力，以及到底有無口碑而定。你或許怨嘆**有錢眞好**，至少還有點希望，若是沒錢窮苦人遇難時，豈不都活該倒楣？請別這麼悲觀，這世上還是有連一毛錢都不用花，老天願助前世罪孽深重、但此生不斷積大德之善人，將其命運改變、減輕業障苦痛的眞實案例，好讓你寬寬心。

好吧！繼續來看「花錢」的故事。

就以「添壽」這點，往昔耳聞某國財團老闆，因重疾纏身，醫師估算大限將至，但其憂心既然來日無多，但自身龐大家業家產尚未處理妥當，況且家中大房二房三房外加小三小四，一堆難理難清的妻妾兒孫複雜關係，分產勢必糾紛難了，無法安心，因此透過老臣託人多方打聽，探得南洋某華人聚集大城，有一頂尖符道法術專家，連忙重金禮聘，盼助延壽個五年十年，以便諸事安頓後，再安心離開人間。

該名高人掐指一算，爲難搖頭，指大老闆餘命頂多半年，已受老天寵愛，若妄想延壽五年十年，根本強「神」所難！但查其因果，尚有少許修正空間，假使願砸下重金，其可代赴「另一個空間」交涉「買命」，若進而能獲老天爺允准，「修改」生死資料，或許尚存希望，只是推估應僅能多活兩年，無可再多。

好吧！兩年就兩年，開價多少？據言高人開出天價，大老闆也爽快依約付款，就看著這名專家連夜開壇作法。專家好像去某次天災大海嘯「非壽終正寢」的「枉死罹難者」那裡買「陽壽」，交易過程東拼西湊（因爲有些「人」陽壽湊不到兩年，得向其他「人」接洽，不見得能獲首肯，故需多方交涉），最後終於湊到兩年，也向冥界「登記註冊」，傳聞更費了一番功夫交涉，獲得神明考量後「認證特准」，簿子裡該修的資料也改過了，這才大功告成。

倒是企業內一群老臣竊竊私語、嗤之以鼻，認爲哪有這種添壽方法？**簡直亂了天理嘛！**

說也神奇，還眞讓大老闆突然間起死回生，不藥而癒，活蹦亂跳忙了將近兩年，繁瑣諸事打理妥當，反讓一堆部屬瞠目結舌，嘖嘖稱奇。

這個大老闆嚐盡甜頭，覺得如此美妙人生，若這麼逝去，未免太苦短了，他可不願就此撒手，於是貪念再起，央求專家想辦法二度延壽，然而這回遭高人嚴拒，認為他太超過了！畢竟能獲老天爺特別通融，已是最大極限，不宜再逾矩，否則別說大老闆，連他自己都會遭殃，打死都不肯接受，多少報酬都不要。

大老闆不死心，多方積極打聽，急尋其他高人想方設法，畢竟兩年期限就快到了，心裡頭就是有疙瘩、莫名恐懼。

然而這回運氣不好，即使老臣再次幫忙，透過人脈四處尋覓，所有各方高手全予婉拒（大概都知道怎麼回事），最後好不容易找到難得人選，卻沒想到竟是個三腳貓級的江湖老千！看他一臉權威，口口聲聲拍胸脯保證「沒問題！要幾年有幾年！」，自然令大老闆聽了欣喜不已。

但這款唬爛專家，不但沒讓大老闆生死資料再次改成，反先訛詐個上億身家，拐了錢，什麼都沒做，立即逃逸無蹤！這叫大老闆怎能接受？一時氣急攻心，就這麼剛好，在前次開壇作法、祈求延壽成功後的整整兩週年當天，用餐時，他還心有不甘，對著老臣破口大罵這老千真是個王八蛋，當下臉部突然脹得跟包子一樣，立刻趴在飯桌上，手還握著紅酒杯，就這樣心肌梗塞發作，急救無效，溘然長逝！儘管面對滿桌珍饈佳餚，但從大老闆瞪大的雙眼，仍看得出當時他有多麼氣急敗壞，嚇壞一屋子人。

下屬們私下議論紛紛，一時謠言四起，後來該企業管理部門下達禁口令，仍擋不住企業內部有個靈異體質的員工跳出來，直指這就是大老闆太貪，意圖超越極限，導致違背天理循環的惡果，因而老天爺故意化下一介惡徒之靈，叫其人財兩失，略施薄懲，順便收回天命，也就怪不得任何人了。幸運的是，老天爺沒讓這家大企業衰敗倒閉，持續運作，大家都還保有一口飯吃，也該知足啦。

當然，那個老臣也沒事，他只是混口飯吃，奉命行事找「高人」，沒被掃到「颱風尾」眞是祖宗積德；只是大老闆死得如此準時，也夠把他給嚇得半死、本命去了半條多。

另一個具有黑道背景的企業家老大也差不多。雖尚未嘗過鐵窗滋味，但被盯上的積案可不少；利用權勢關係、小弟出面扛責的「老眼」終究無法撐太久，老早就被道上同行料到，這老大總有面對牢獄之災的一天！此人平常躲藏幕後，行事風格心狠手辣，壞事幹盡，撇責一流，江湖風評很差，要是不把他揪出來掃進監獄，實在沒天理。

這回有件案子，底下小弟沒處理好，被人家逮到證據，捅出麻煩，影響極大且廣，白道若再繼續偵辦下去，他恐怕遲早會遭牽連且難以脫身。因而素不把法官、檢調看在眼裡的老大，現在可開始緊張了。命理師告訴他日後牢災難躲，須速用命理方式處理爲宜！他二話不說，馬上遵命，然後花了大錢，像隻乖貓似的，人家要他該改的祖墳、牌位、風水、地理，還有個人及家人流年、流月、流日、命格、命盤……該做的他全照做，而且還要整套卯起來做！

這還不算，爲了避免萬一，狡猾又怕死的他，總要加倍防範。後來打聽到「可以竄改生死簿因果記載」之說，可讓他興奮不已！心想：就算前一關卡被破解，打到落水快溺死，還是能找到救命浮木，必定柳暗花明又一村，絕處可逢生，多做點準備絕對沒錯，彷彿吃了顆定心丸。

傳言他撒出訊息，重金禮聘「高人」相助。不過深怕臺灣本地法師會被「同行」收買、亂下符法而有顧慮，因此嚴選中國大陸及海外重量級「法師」、「上師」、「天師」等「三師」齊來開壇，堪稱陣容鑽石級堅強，威震八方！既然高手雲集，更令老大信心十足，春風得意。

話說這開壇後，金紙燒了個數日數夜不間斷，烈焰沖天，規模煞是可觀，他也不知在神像前舉香跪叩多少回。在場的某「上師」看他如此虔誠，還誇口說：「放心！以我法術功力，沒有搞不定的！安啦！馬上可改因果，這劫絕對躲得過！」

老大手下有個幹部，冷眼旁觀，覺得越看越不對勁，好心奉勸老大，別等檢警最後找上門，還是先到對岸或菲律賓避避風頭，像是漁船、接應什麼的都可以馬上備齊，結果反惹得老大龍心不悅，下場就是慘被修理，打到跛腳外加腦震盪還剁小指！此後，沒人敢再多加建言，僅能聽命行事。

只是愼重的雙重處理防範，原本威風八面、放手一搏的「大頭家」，依舊逃不過東窗事發遭揭露，法律制裁更免不了；且纏訟攻防耗時甚久，又被限制出境住居，精疲力竭，情緒極悶，最終審定讞還判得更重！當他聆聽判決時，還一臉錯愕，無法置信。

至於那幾位「法師」、「上師」、「天師」呢？唉！老早捲款潛逃，走為上策，回海外隱姓埋名不知逍遙多久，誰還笨到繼續待在當地成了「肉靶」？倒是道上有傳言，這幾位「高人」其實都是神明化下的「辦事靈」，要來惡懲這個老大，所以早就銷聲匿跡，速速返回靈界覆命去也。

有趣的是，這群「高人」當時還告訴老大，開壇法事做完，警察一定上門，檢方也一定會起訴他，但別怕，這只是「過渡」的必經歷程，千萬別自亂陣腳，所謂「關關難過關關過」，抱著平常心，最後判決一定無罪，畢竟「簿子」都改好了，幾個「高人」也都確認、畫押簽字，所以不會有什麼變數，就照著程序去走，安啦！

對啊！關關難過關關過，其實意思是說：**關關眞的都難過，但是「關了」就會過！**這位老大如此狡猾聰明，怎麼沒參悟出這句話中的玄機？眞是失策。

這位老大在獄中累積怨恨，天天不忘想起遭詐之恥，脾氣愈顯暴躁，同房獄友跟著倒楣，道上更引爲笑柄。同時，幫派企業在老大被關後，很快就遭到道上同行聯手瓦解，幹部小弟作鳥獸散，各奔東西，或者投靠其他幫派苟活下去，際遇當然可以想見。

蹲個十來年苦窯出獄後，這老大倒是從此不再拿香炷，只是重返社會，不再像過去風光，如今一無所有，每天仍不免臭著一張苦瓜惡臉，逢人就吐苦水，說哪天若再有能力，誓言必派小弟，把被這些「神棍」拐騙的錢全討回來，最好順便把那群「老千」給碎屍萬段，成爲江湖趣談。

儘管以上僅爲傳聞，不希望有人「對號入座」，但看來看去有個感想：做人做到這樣「辛苦」幹嘛？若平日守法厚道，心安理得，輕輕鬆鬆，不是很好嗎？也比較保險些。要是自己行事不正，「簿子」屢遭老天畫上一筆筆不光彩紀錄，增加業障負擔，到後頭想掩蓋卻難以收拾時，何不想想：早知如此，當初幹嘛給自己捅簍子、挖坑給自己跳？

話說回來，雖然經常勸大家多多行善，可是我並不願意強調「好心有好報」這種觀念，特別是**爲得「好報」**才**「好心」，這樣可不能稱爲「好心」喔！**然而還眞有不少人問：那做了好事，有沒有可能老天爺會在簿子上多記一筆「讚」，而且在這輩子就直接「兌現」（抱歉！用這麼鄙俗字眼），以降低、減輕「生死簿」上原有背負的業障苦痛？

坦白說，這倒是有可能，我也相信。因爲小時候，我家附近有個慈眉善目的老阿嬤，她就是這種經歷，而且是我親身所見。

記得當時我才五歲半，但已有概念，可以分辨一些「不屬於陽世間」的人事物（我承認自己壓力很大，因爲大人會罵「不要黑白講」，同學會笑「瘋子」，老師更會責怪我：「拜託你不要亂講、到處嚇人好嗎？」）；印象中老阿嬤對人和善，經常捐獻救貧，還天天餵食流浪貓狗，是大家心目中的「大菩薩」。有次好像中風暈倒，送醫後似無生命跡象，當晚家屬哭成一團，把老阿嬤送回家中辦後事。儘管請來的僧侶，已經開始小聲誦經，但在寒冷的夜半時分，從旁聽來格外不舒服。我媽擔心小孩子聽到這個不好，趕緊把窗子關好、鎖緊，但隱約還是聽得到誦經聲，以及老阿嬤子孫號啕大哭、呼天搶地。我當時躲在棉被裡，也傷心老阿嬤就這麼走了，眼淚一滴滴掉下來。

但悶在被窩裡實在不舒服，又冒汗氣，於是探出個頭。此時就在黑暗中，突然見著一位穿白袍的「白頭老公公」，拄著枴杖來到我面前（我發誓我沒睡，意識清醒地睜大眼睛），手裡翻著一本像古書典籍的東西，但內容完全空白。他指著其中一頁，再指著窗外對面方向，告訴我：「喔，你在爲這個阿嬤哭啊？她呀……嗯，是今天該走沒錯，不過嘛……」

看到這「白頭老公公」捋著鬍鬚，對著書大概沉思好幾分鐘，我只是呆呆地打量這位「陌生來客」，不覺得害怕，也沒大叫，只覺得奇怪啊！我媽明明就已經把重得要死的鐵門拉下鎖好，這老人什麼時候鑽進來？又是怎麼鑽進來的？怪咧！

過沒多久，他微笑地看著我，自言自語地說：「喔，這阿嬤前輩子是個江洋大盜喔！雖然做出不少壞事，但起碼劫富濟貧，義助許多窮人家，也救了不少命，戴罪立功，所以最後才沒被打入地獄大牢，繼續輪迴到這一世，只是變成女人，還有一些因果債要還。不過啊，這輩子阿嬤可是很認眞賣力過活喲！的確做了很多很多好事耶！現在她累積的福報，都抵銷完所有壞的因果債，而且好多福報都還沒用完，就這樣走了，不是很可惜嗎？這怎麼辦呢？怎麼辦呀？」

說著說著，「白頭老公公」若有所思，停頓了一陣子，手撐著額頭，望見我爬起來，一臉疑惑地看著他，突然想起什麼，於是就從白袍袖子裡取出一枝毛筆，皺起眉頭，很仔細地在書中揮個幾下，然後又笑著問我：

「就讓阿嬤在世上多享福五年，你說好不好？」

問我？我怎麼知道好不好？當時才小小孩一個，哪懂這麼多命理靈異跟人情世故呀？話剛問完，我一臉白痴樣子，還來不及回應，這老人家就立刻消逝無蹤，令我吃驚！之後，大約相隔不到五分鐘時間，就感受到僧侶誦經聲突然停止，靜默了好一會兒，接著是陣陣騷動。

不多久，整條街反而人聲鼎沸，家屬破涕爲笑，大聲歡呼，原來老阿嬤**醒過來了**！原本已就寢的街坊鄰居們，似乎約好了「同時醒來」，紛紛前往一探究竟。老阿嬤不好意思地雙手合十，站在門口直說打擾大家，打擾大家，所有人都好高興，僧侶們也覺得不可思議，直稱神蹟，還轟動了整個小鎮！記得連地方版報紙都有刊登，有人剪報貼在社區公布欄上（我五歲半就記得這些事，還眞佩服自己）。

我曾經告訴我媽，有個「白頭老公公」跟我說，老阿嬤會再多活五年，結果被打頭，警告「囝仔人有耳無嘴，別胡說八道」，令我委屈至極，只好悶不吭聲。後來我還是忍不住告訴老阿嬤的曾孫（他是我的玩伴），他又回去告訴家人，同樣也被K個滿頭包！不過老阿嬤還眞是多享了整整五年清福。

在多出的這五年，子孫盡孝帶著她遊山玩水，她也樂得清閒，無憂無慮，身軀健朗，依然笑口常開，成爲許多後生晚輩的「心靈導師」，最後於睡夢中微笑辭世，無病無痛，祥樂自在，眞的是「大福報」。

子孫在幫忙葬儀社清理阿嬤大體時，推想五年前的同一天，剛好是老阿嬤「前回往生」從醫院被送返家裡辦「喪事」的日子，果然，一天都沒少，也沒有多。

告訴不少朋友這個故事，眾人都說，對啊，就是因爲「簿子」太準，難怪大家都想知道內情、都想改得更好，這還用問嗎？

你問我怕不怕這種簿子？老實說，我一點都不怕，甚至還覺得有些高興耶！畢竟老天爺因爲有了這本「簿子」，可以評量一個人在世功過；只要心無虧欠、心安理得，眞的不怕簿子怎麼記、怎麼寫。況且，藉由「簿子」，還能仔細評斷你該得或該還的「輕重」、「數量」和「時機」，這有什麼不好？很科學啊！也公平得很。

倒是不少人一天到晚憤世嫉俗，批判老天爺不公平，很可能這只是你正在承受償還過去業障、報應的過程；最常見就是看到人家輝煌騰達，你心裡犯嘀咕，覺得這傢伙能力實力都比我爛，怎麼可能活得如此逍遙、而自己卻苦哈哈？別忘了，「簿子」裡所記載的字裡行間，應可提供完整解答，請用不著太憤恨不平啦，反正老天爺真的很公平，況且日子好過歹過仍舊要過，計較太多只會傷身。

話雖然這麼說，相信還是有很多人仍會覺得遺憾。但是，就算拿到這本「簿子」，卻全都「無字天書」，除非真有實力之「高人」加以解讀，否則你根本無法一窺全貌！這是最讓人無奈跳腳之處，相信老天爺也早料到了，所以還是乖乖認命，循著天命走吧！

因果報應在現世

或許你聽過一些高人發表關於天界神明的某些說法或預言，有個重點可以跟大家分享。這倒不是爲了什麼警世，也無關宗教宣傳，而是就所接收到的、我能透露的訊息作說明。特別是任職單位播出靈異題材劇集之後，我經常接到一堆朋友詢問相關問題，最後他們總不忘感嘆一句：**「這年頭人比鬼還可怕！」**但是搞不清楚「爲什麼」，因此我就更需要解釋。

有個道理你一定懂。就是有「好」必有「壞」、有「善」必有「惡」、有「陽」必有「陰」，站在天平兩端相互抗衡，這是天地運行相對的基本概念，所以天界神明，必然與搞破壞的魔域邪靈形成對立。今天最讓人遺憾的事，乃科學界仍沒辦法以科學實驗來全然驗證靈異事物與現象確實存在，所以各界多半認爲這類說詞，不過就是怪力亂神、邪門歪道在蠱惑人心，加上神棍騙財騙色者眾，更加被污名化，幾十年來疑雲始終罩頂，無可奈何。

雖然沒辦法證明給你看，但不難讓你明瞭，天界神明與魔域邪靈就如同陽世間黑白兩道，對於人類社會的運籌帷幄，具有關鍵導引作用（看你所選到的是「黑」還是「白」，有時候連這方面通靈人士，都不見得能看得通透，進而遭到誤導、洗腦）。我的理解是：天界有神明坐鎮，魔域則有惡靈盤據，兩邊拉鋸已久；然而以「量」的比例而言，目前陰間陽間兩邊勢力，絕對不是太極陰陽各半，如同許多人的口頭禪「**八成遇到鬼**」一樣，對啦！大概只有兩成左右正常（這是我個人感應所得，可怕吧？）。換句話說，魔域惡靈侵犯人間，比起正神那塊領域的反擊數量多出甚多。

這代表什麼意義呢？你會看到從十九世紀開始到二十世紀，甚至延伸至二十一世紀前段，原本深植人心的宗教敬天、親愛精神，與嚴謹道德約束力量，逐漸被邪說、貪婪、掠奪、自私、賈禍、加害、獨裁……所掩蓋，因此大小戰端不斷、社會動盪，加上人性道德淪喪，導致整個世界加速崩解，而且絕非只有人類世界的問題，連帶禍延至自然循環、動植物生態等。你不妨翻開歷史，很多特大型戰禍爭端，多始於十九世紀到二十世紀之間，直到二十一世紀至今約二十年，依然難有寧日，甚而變本加厲，恐怖份子、氣候變遷、奇異病菌等即爲實例。

也因爲如此，神明靈界高度警覺陽間失衡現象嚴重，人心眞的快比鬼還可怕，必須加以導正，所以從二十世紀末期起，逐漸展開許多遏止行動，特別是到了二十一世紀初期，整個天理循環變動顯著，而且動作加快、幅度越來越大。

你覺得聽來像是在說夢話還是「鬼話連篇」嗎？早說了，當然沒辦法以科學印證告訴你，也只能就我所得到的各方訊息加以整理後供作參考。不過，臺灣有許多廟宇、神壇，過去至今三十年來，已逐漸接收許多來自天界的訊息（希望我沒講錯，如果有誤，懇請老天爺與前輩諒解指點）：過去我們認爲當世所作所爲，若有因果循環，一向都以來世作爲報應的起始點，可是從現在開始，**這一世善惡報應，原則上不再留至來世才執行**，而是盡力在今世予以全然了斷，也就是**現世報**。另外，一個人過去各前世所有的因果帳，也盡量都在今世清算完畢，累積留到下一世去「續攤」雖然不是沒有，但會大幅降低，而且比例微乎其微。

我的解讀是，若神明改變作法，確立「今世善惡今世報」、「所有因果原則不再留至後世」眞有其事，這樣是再好也不過了！怎麼說呢？你看，來世怎會曉得自己前世幹了哪些善行或劣跡？「孟婆湯」都喝免錢夠本、腦袋都洗乾淨到等同白紙，要把今世的帳留到下一輩子去清算，怎麼講似乎都不夠完善，不如今生今世的帳，就在這一輩子結帳清算完畢，省得後世還得麻煩背負前世債，那種壓力未免也太大，而且累積太多不也挺混亂的？

另一種看法是，神明這種徹底清算因果的決策，是要**對抗及抑制惡靈**，不再任其恣意所為、循環作歹綿延不斷，也是一種了斷方法，一次結算清楚，毋須糾纏不清。然而這裡頭還是有例外情況：某部分歹事起因於惡靈操控，意圖製造動盪不安，不見得完全是人類自身力量所為，但仍須匡正。

如果你感覺「惡有惡報」的氛圍毫無跡象，對於「天理昭彰」感到悲觀，那麼請注意看，從上個世紀末開始，直到目前還在運行的世界，已經有部分重大弊案一一遭到揭發！但別驚訝，那只是冰山一角、熱身戲碼，不過小菜一碟，尚未端上主菜而已；這些年來你應該也有發現，眾多案情有令人意想不到的發展，甚至許許多多弊案像一串串粽子般，被人從蒸籠的霧氣中提起來——全部從暗處挖出予以揭發，沒有人逃得過。

因此，前後世紀交界的這段期間起始，弊案曝光速度變快，案情也越來越「大條」，讓普羅大眾驚訝、意外，各位讀者不妨持續驗證。

或許你可能還是不服這種說法：「**爲什麼有人弊案被揭，至今依然吃香喝辣，逍遙無事？爲何某些法官判決令人不服？怎麼會有人壞到骨子裡，竟能囂張到下一代還有樣學樣？**」別急，通常這類個案就在警示人們，魔域難纏及詭異之處；就像陽世間警方辦案，不也常遇到邪惡勢力反撲？例如狡猾歹徒毀屍滅跡、故布疑陣、巧言撇責，讓偵辦單位頭痛不已，這種現象都算正常。

有些學研堪輿五術的朋友問到，如果「現世報」確有其事，那麼壞人利用符咒、法術等其他方式，將其惡行劣跡予以躲避、隱藏、忽略，不就可以逃過「現世報」的法眼嗎？

關於這點，我曾經請教一些高人，綜合他們看法是：十幾世紀之前流傳至今的符法等方式，到現在仍具有一定效力。神明當然注意到了，並認爲影響程度不應無限擴張，必須限定範圍，特別是針對掩護或擴張作惡之事，會有更嚴厲的制裁行動。只是在同時間，魔域勢力大肆擴張，這種邪門歪道法力的作爲，一時之間還不易遏止，的確也是事實。然而行歹之人，或可逃過一時，但這一世註定要被挖出來、必有報應！且無論「求作法事」者，或者「執行法事」者都相同，嚴重時恐殃及子孫，得不償失，故眾人對某些案件感到忿忿不平時，建議毋須過於惱怒，**堅持正道比較重要**。

許多貪官污吏、奸商騙徒、魚肉鄉民的黑幫頭子，惡行罄竹難書，令人髮指。他們藉著不肖命理人士幫忙辦法會或下符咒，甚至改風水等等作法，以爲能夠逃過種種劣跡的報應追討、高枕無憂，那其實是**大錯特錯**。過去至今不就有眾多政客、名人、奸商、惡霸，花費數千萬鉅資，請些「高人」幫忙改風水、改命盤、改方位、改一大堆「碗糕」，以爲就此可吃乾抹淨，橫行無阻，爲所欲爲，結果呢？最後不也關進大牢自嚐苦果？

還有一種報應，就是即使請了「高人」來改命、改運，改得天衣無縫好了，但因果報應未必以同樣一種形式出現，卻依然「殊途同歸」。例如有個貪官污吏害怕其劣跡東窗事發，於是禮聘「高人」前來作法事、改命盤，盼能擺脫牢獄之災，結果出門逍遙時遇到土石流，遭埋在土石堆中動彈不得、慢慢窒息痛苦而死；或者突然罹患重症，在醫院躺著無法行動，最後長期被病魔凌虐致死，這都是「殊途同歸」的多元方式。

寫到這裡，很多朋友可能覺得，人生在世難免犯錯，說不定天天誦經、唸法號、參拜、迴向等行爲，應該可以彌補罪過、減輕懲罰。我的看法是：宗教活動皆須予以尊重，不多評論，只是在積極從事自身修練行爲之餘，也有個很簡單的方法，效果不難體會，那就是生活中的**修身**。

你發現了嗎？早有宗教門派或寺廟，不再強調信眾必須天天持香燒金膜拜祈禱，或抱經文時時書誦，而是更著重生活中**修身**之重要性。諸如某宗教就宣揚，信徒應具備實踐平日作息戒律的性格，或者重視道德倫常觀念；即回歸宗教本意基礎，毋須供品豐盛，亦未必要香煙繚繞，只需心誠祈天則必靈。

我在職場上見過某人天天虔誠茹素，忙於誦經，但行事手段向來自私無德；有趣的是常對我誇說，自己乃屬某知名法師俗家弟子，到處攀附關係、逢廟必拜，以爲如此老天爺必佑，屢次苦勸也無效。結果咧，此人拜多廟宇，又在深夜誦經反招陰邪，「卡」了一堆陰、妖在身，導致肉身、靈體、魂魄漸被「魔化」，所作所爲更形乖張和誇張，失去常規，或許老天爺早就放棄此人矣。

古時臺灣農諺有云：「**呷菜心底歹，求佑神不睬**。」道理很簡單，但還是有許多人無法理解。

大家可能都忘了「舉頭三尺有神明」、「人在做，天在看」古訓。通常在對待神明時，以爲要更豪華的供品，或者更熱鬧的酬神活動、唸誦更多經文，才是眞正「敬神」、可以「驅魔趨福」，其實非也！非也！**從自身日常生活中，修練成有品性、重道德、能惜**

福、敬鬼神、肯布施、具教養性格者，其實就足夠。宗教本意即於此，神明自然眷顧你，毋須贅言。

或許有些朋友看到這篇文章，你會以爲我是在爲某個教派「宣揚教義」，或者扮起道德家來「警世」、「勸世」、「提倡道德」……請不要誤會，我沒這麼偉大，僅就所知與能言部分，與你作個分享，至於我說得有沒有道理，就在於閣下睿智判斷了。

最後，近來實在有太多朋友不斷咒罵時局不靖，特別痛批某某弊案「怎麼辦案如此之慢」、「爲什麼那個人還沒有報應」、「爲什麼那些人不趕快去死」……噢！千萬別這麼說。就我的觀點來看，如果弊案確爲眞實，根本別擔心辦不出來或放縱壞蛋，老天自有考量安排，毋須凡人跳腳著急，且自造口業並無必要；時間到了該怎麼做，老天爺自然會指引你。

因此，與其抨擊你管不到的事，不如先想想如何修練自己的品德，可別把重點劃錯啦！

靈異說書人 / 張其錚著. -- 初版. -- 臺北市 : 小
異, 2019.08
　面；　公分. -- (不在系列 ; 10)
ISBN 978-986-97630-1-1(平裝)
1.靈異故事 2.通俗作品
296.1　　　108008528

Trans+

Trans+

Trans+

Trans+